| 新型工业化丛书 |

面向 2035 的机器人产业发展战略研究

黎文娟 李陈 马泽洋 等 著

電子工業出版社
Publishing House of Electronics Industry
北京·BEIJING

内 容 简 介

近年来，全球机器人产业展现出强劲的发展势头，科技企业争相入局机器人领域，跨行业跨领域的融合创新日益增多，机器人产业迎来前所未有的蓬勃发展机遇期。

本书全面分析了全球机器人产业的竞争态势，探讨了技术变革趋势，并为中国成为机器人强国制定了战略目标与对策。本书突出了机器人产业在经济社会转型中的关键作用，强调了国家层面的战略规划和政策支持。提出了技术自主创新、重点领域强化和国际话语权提升的三大战略对策，旨在推动产业高质量发展。同时，本书提出了规划引领、统筹协调和资金支持等保障措施，以确保战略目标的实现。

本书可供对机器人产业发展感兴趣的读者阅读。

未经许可，不得以任何方式复制或抄袭本书之部分或全部内容。
版权所有，侵权必究。

图书在版编目（CIP）数据

面向 2035 的机器人产业发展战略研究 / 黎文娟等著.
北京 : 电子工业出版社, 2024. 11. -- （新型工业化丛书）. -- ISBN 978-7-121-48642-5

Ⅰ. F426.67

中国国家版本馆 CIP 数据核字第 2024YY1031 号

责任编辑：陈韦凯　　　文字编辑：许　静
印　　刷：三河市鑫金马印装有限公司
装　　订：三河市鑫金马印装有限公司
出版发行：电子工业出版社
　　　　　北京市海淀区万寿路 173 信箱　　邮编：100036
开　　本：720×1000　　1/16　　印张：11.5　　字数：184 千字
版　　次：2024 年 11 月第 1 版
印　　次：2025 年 4 月第 3 次印刷
定　　价：69.00 元

凡所购买电子工业出版社图书有缺损问题，请向购买书店调换。若书店售缺，请与本社发行部联系，联系及邮购电话：(010) 88254888, 88258888。

质量投诉请发邮件至 zlts@phei.com.cn，盗版侵权举报请发邮件到 dbqq@phei.com.cn。
本书咨询联系方式：chenwk@phei.com.cn，(010) 88254441。

新型工业化丛书

编 委 会

主　编：张　立

副主编：刘文强　许百涛　胡国栋　乔　标　张小燕
　　　　朱　敏　秦海林　李宏伟

编　委：王　乐　杨柯巍　关　兵　何　颖　温晓君
　　　　潘　文　吴志刚　曹茜芮　郭　雯　梁一新
　　　　代晓霞　张金颖　贾子君　闫晓丽　高婴劢
　　　　王高翔　郭士伊　鲁金萍　陈　娟　于　娟
　　　　韩　力　王舒磊　徐子凡　张玉燕　张　朝
　　　　黎文娟　李　陈　马泽洋

序言
Foreword

工业化推动了人类社会的巨大进步，也深刻改变着中国。新时代新征程，以中国式现代化全面推进强国建设、民族复兴伟业，实现新型工业化是关键任务。党的十八大以来，习近平总书记就推进新型工业化的一系列重大理论和实践问题作出重要论述，提出一系列新思想新观点新论断，极大丰富和发展了我们党对工业化的规律性认识，为推进新型工业化提供了根本遵循和行动指南。2023年9月22日，党中央召开全国新型工业化推进大会，吹响了加快推进新型工业化的号角。

实现工业化是世界各国人民的期盼和梦想。18世纪中后期，英国率先爆发工业革命，从而一跃成为世界强国。19世纪末，德国、美国抓住第二次工业革命的机遇，也先后实现了工业化。世界近现代史反复证明，工业化是走向现代化的必经之路。习近平总书记强调，工业化是一个国家经济发展的必由之路，中国梦具体到工业战线就是加快推进新型工业化。新中国成立以来，我国大力推进工业化建设，积极探索新型工业化道路，用几十年时间走完西方发达国家几百年走过的工业化历程，取得了举世瞩目的伟大成就，为中华民族实现从站起来、富起来到强起来的历史性飞跃提供了坚实的物质技术基础。

2023年4月，工业和信息化部党组决定依托赛迪研究院组建新型工业化研究中心，旨在学习研究和宣传阐释习近平总书记关于新型工业化的重要论述，深入开展新型工业化重大理论和实践问题研究。一年多来，形成了一批重要研究成果，本套丛书便是其中的一部分。

数字化、绿色化是引领时代变革的两大潮流，实现新型工业化必须加快推进数字化、绿色化转型。《数字化转型赋能新型工业化：理论逻辑与策略路径》一书认为，数字化转型正在深刻重塑人类社会，要充分发挥数字化对新型工业化的驱动作用，加快制造业发展方式的根本性变革。《数据基础制度：夯实数据要素市场根基》认为，数据基础制度建设事关国家发展和安全大局，要加快完善我国数据基础制度体系。《算力经济：生产力重塑和产业竞争决胜局》提出，通过算力技术的创新和应用，能够发展新质生产力，推动传统产业的数字化转型和智能化升级，培育壮大新兴产业，布局建设未来产业。《融合之力：推动建立"科技—产业—金融"良性循环体系研究》一书，总结了美、德、日等国推动科技、产业、金融融合互促的主要做法，并提出了符合中国国情和发展阶段的总体思路与具体路径。《"双碳"目标下产业结构转型升级》从重点行业、空间布局、贸易结构、风险防范、竞争优势等方面论述了产业结构转型升级问题，并从体制机制、要素保障、政策体系等层面提出对策建议。

推进新型工业化，既要立足国情，体现中国特色和中国场景，也要树立全球视野，遵循世界工业化的一般规律。《产业链生态：机理、模式与路径》一书认为，当前全球经济竞争已经进入到产业链竞争的时代，该书构建了产业链生态的"技术层-生产层-服务层-消费层-调节层"五圈层结构理论，提出了构建产业链生态的筑巢引凤、龙头带动、群星荟萃、点线面递进、多链融合、区域协同六种典型模式。《制造业品质革命：发生机理、国际经验与推进路径》认为，世界制造强国在崛起过程中都会经历"品质"跃升阶段，纵观德国、日本、美国的工业化历程莫非如此，我国也要加快推进制造业品质革命。《瞰视变迁：三维视角下的全球新一轮产业转移》指出，产业转移是不可避免的全球经济规律，对促进全球工业化、科技创新等有积极意义，应系统全面评估产业转移对新型工业化的综合影响，积极谋划并提前布局，增强在全球产业链供应链空间布局中的主动性。《跨越发展：全球新工业革命浪潮下中国制造业发展之路》通过国际和国内比较，对中国制造业实现跨越式发展进行了多维度分析，并提出了可行性建议。从知识层面来说，材料丰富、数据扎实与广泛性构成了此书的显著特色。《面向2035的机器人产业发展战略研究》一书为实现机器人强国战略目标，提出拥有核心关键技术、做强重点领域、提升产业规则国际话语权三大战略举措。

总的来看，本套丛书有三个突出特点。第一，选题具有系统性、全面性、针对性。客观而言，策划出版丛书工作量很大。可贵的是，这套丛书紧紧围绕新型工业化而展开，为我们解决新型工业化问题提供了有益的分析和思路建议，可以作为工业战线的参考书，也有助于世界理解中国工业化的叙事逻辑。第二，研究严谨，文字平实。丛书的行文用语朴实简洁，没有用华丽的辞藻，避免了抽象术语的表达，切实做到了理论创新与内容创新。第三，视野宏大，格局开阔。"它山之石，可以攻玉"，丛书虽然聚焦研究中国的新型工业化，处处立足中国国情，但又不局限于国内，具有较高的研究价值与现实意义。

本套丛书着眼解决新时代新型工业化建设的实际问题，较好地践行了习近平总书记"把论文写在祖国大地上"的重要指示精神。推进新型工业化、加快建设制造强国，不仅关乎现代化强国建设，也关乎中华民族的未来。相信读者在阅读本丛书之后，能更好地了解当前我国新型工业化面临的新形势，也更能理解加速推进新型工业化建设的必要性、紧迫性与重要性。希望更多的力量加入到新型工业化建设事业中，这是一项事关支撑中华民族伟大复兴的宏伟工程。

是为序。

苏波

2024 年冬

前言
Introduction

为什么是面向 2035 的机器人产业发展战略研究?

2035 年是实现"两个一百年"奋斗目标的重要时间节点。党的十八大作出了"两个一百年"奋斗目标的新部署:在中国共产党成立一百年时,实现国内生产总值和城乡居民人均收入比 2010 年翻一番,全面建成小康社会;到中华人民共和国成立一百年时,建成富强民主文明和谐的社会主义现代化国家[①]。党的十九大报告清晰擘画了全面建成社会主义现代化强国的时间表、路线图。在 2020 年全面建成小康社会、实现第一个百年奋斗目标的基础上,再奋斗 15 年,在 2035 年基本实现社会主义现代化。从 2035 年到本世纪中叶,在基本实现现代化的基础上,再奋斗 15 年,把我国建成富强民主文明和谐美丽的社会主义现代化强国[②]。2021 年 7 月 1 日,在庆祝中国共产党成立 100 周年大会上,习近平总书记代表党和人民庄严宣告:经过全党全国各族人民持续奋斗,我们实现了第一个百年奋斗目标,在中华大地上全面建成了小康社会,历史性地解决了绝对贫困问题,正在意气风发向着全面建成社会主义现代化强国的第二个百年奋斗目标迈进[③]。

2035 年是"十四五"规划和 2035 年远景目标的重要时间节点。机器人作为现代化产业体系的重要组成部分,既是加速各产业现代化进程的重要工具,也是建设制造强国和数字中国的重要支撑。《国民经济和社会发展第十四个五年规划和 2035 年远景目标纲要》提出,展望 2035 年,基本实现新型工业化、信息化、城镇化、农业现代化,建成现代化经济体系。加快发展现代产业体系,巩固壮大实体经济根基。坚持把发展经济着力点放在实体经济上,加快推进制造强国、质量强国建设,促进先进制造业和现代服务业深度融合,强化基础设施

---

① 胡锦涛在中国共产党第十八次全国代表大会上的报告。
② 习近平在中国共产党第十九次全国代表大会上的报告。
③ 实现中华民族伟大复兴中国梦的关键一步——习近平总书记关于全面建成小康社会重要论述综述。

支撑引领作用，构建实体经济、科技创新、现代金融、人力资源协同发展的现代产业体系。《"十四五"机器人产业发展规划》提出，到2035年，我国机器人产业综合实力达到国际领先水平，机器人成为经济发展、人民生活、社会治理的重要组成部分。

自觉站在党和国家事业发展全局角度去思考、谋划和推动我国2035年机器人产业发展战略。党的十八大以来，以习近平同志为核心的党中央高度重视机器人产业发展，习近平总书记多次对机器人产业发展作出重要指示批示，高屋建瓴、思想深邃、内涵丰富，为做好机器人产业发展工作提供了根本遵循和行动指南。全国新型工业化推进大会上，习近平总书记就推进新型工业化作出重要指示，新时代新征程，以中国式现代化全面推进强国建设、民族复兴伟业，实现新型工业化是关键任务。要深刻把握新时代新征程推进新型工业化的基本规律，积极主动适应和引领新一轮科技革命和产业变革，把高质量发展的要求贯穿新型工业化全过程，把建设制造强国同发展数字经济、产业信息化等有机结合，为中国式现代化构筑强大物质技术基础①。必须深刻领会、准确把握习近平总书记重要指示批示精神的丰富内涵、精神实质和实践要求，提高政治站位，深化思想认识，自觉站在党和国家事业发展全局角度去思考、谋划和推动我国2035年机器人产业发展，这对推进新型工业化，建设制造强国和数字中国，确保我国机器人产业的全球领先地位等都具有重要意义。

通过融合5G、物联网、大数据、人工智能等技术，机器人与众多的智能装备构成了智能制造与智慧生活的技术底座，机器人的外延及边界进一步扩大，衍生出智能工厂、智能交通、智慧农业、智慧城市等一系列应用场景。"机器人化"的生产装备成为先进制造业的关键支撑装备，"机器人化"的生活工具成为改善人类生活水平的重要帮手。近期，国内外科技企业争相推出人形机器人产品，企业更新迭代人形机器人产品的速度引发了业内惊叹。随着以大模型为代表的通用人工智能火热发展，让人们开始畅想通用人工智能与人形机器人融合后，机器人"具身智能"将会加速变成现实。未来我们可以看到高度智能、类

---

① 金观平. 以新型工业化塑造新优势[N]. 经济日报, 2023-09-25.

人的机器人无处不在的场景。在生产车间里，机器人正在生产机器人；在日常生活里，机器人融入衣食住行、娱教医养中；在深海空天探索里，机器人帮助人类探索更多极限环境的未知世界。展望 2035 年，我们将迈进人与机器人互融共生的智能时代。

目录
Contents

第一章
国际竞争格局 / 001

一、机器人是主要国家纷纷抢占的战略领域 / 002

二、主要国家成为全球机器人产业的发展主体 / 003

三、中国成为全球机器人产业发展的重要力量 / 003

第二章
变革与趋势 / 006

一、机器人处在技术变革爆发期 / 007

二、机器人市场需求空间广阔 / 012

三、机器人助力经济社会转型 / 013

第三章
主要国家发展战略历程 / 015

一、美国：保持机器人产业全球创新领先优势 / 016

二、日本：确保机器人领域的世界领先地位 / 023

三、德国：构建以机器人为核心的数字智能时代 / 029

四、韩国：实现引领全球机器人市场的机器人经济 / 031

五、中国：成为全球机器人技术创新策源地、高端制造集聚地和集成应用新高地 / 034

第四章
机器人强国战略目标 / 040

一、机器人强国评价指标体系构建 / 041

二、我国成为机器人强国的基础与实力 / 044

三、我国机器人强国战略目标 / 058

第五章
机器人强国战略对策 / 060

一、战略对策 1：拥有引领全球机器人产业的自主创新技术 / 061

二、战略对策 2：做强参与全球竞争的重点领域 / 087

三、战略对策 3：提升产业规则国际话语权 / 158

第六章
机器人强国战略支撑与保障 / 164

一、规划引领，做好顶层设计 / 167

二、统筹协调，做好央地联动 / 167

三、资金支持，推动产融合作 / 167

后记 / 169

第一章 国际竞争格局

CHAPTER 1

近年来，全球机器人产业展现出强劲的发展势头，机器人产业发挥增长新动能的重要作用，中国、日本、美国、德国、韩国成为全球机器人产业的主要发展主体，全球科技企业争相入局机器人领域，跨行业跨领域的融合创新日益增多，机器人产业迎来前所未有的蓬勃发展机遇期。

一、机器人是主要国家纷纷抢占的战略领域

美、日、德、韩等国家高度重视机器人产业，纷纷制定新的机器人产业发展战略，加快抢占发展高地。美国制定《国家机器人计划》，日本发布《机器人新战略》，德国政府推出"工业 4.0 战略"，韩国发布《第四次智能机器人基本计划（2024—2028）》，发达国家纷纷以机器人作为重要切入点来抢占科技和产业竞争高地。近年来，这些国家进一步加大了对机器人产业的关注力度，不断加大对机器人产业的投入力度。

美、日、德、韩机器人产业发展持续高涨。国际机器人联合会（IFR）数据显示，2022 年日本的机器人装机量增长了 9%，在工业机器人市场仅次于中国，日本是世界上主要的机器人制造国之一，占全球机器人产量的 46%。美国占 2022 年整个美洲装机量的 73%，机器人装机量增加了 10%。德国是全球前五大机器人采购者之一，在欧盟内的市场份额为 36%。韩国是世界第四大机器人市场。

主要国家重点企业牢牢把控高端机器人市场。产业链高端环节几乎被日本和德国企业垄断，例如，日本的发那科、安川电机、川崎重工，瑞士的 ABB 集团等，以技术创新、产品品质长期把控着产业链核心环节。发那科、安川电机、三菱、ABB、库卡中国等 5 家企业占据工业机器人市场的 40%。国外龙头企业通过降价、本地化生产、优化服务等方式占据我国主要高端机器人市场份额。

二、主要国家成为全球机器人产业的发展主体

全球机器人产业规模快速增长。根据国际机器人联合会（IFR）数据，**工业机器人领域**，新增装机量持续增加，全球工业机器人装机量近 5 年来（2017—2022 年）复合年均增长率（CAGR）达 7%，2022 年，新增工业机器人装机量达 55.3 万套，同比增长 5%。预计 2023 年，全球工业机器人市场预计将增长 7%，达到 59 万台以上，市场规模将达到 195 亿美元，2024 年将有望达到 230 亿美元。中国、日本、美国、韩国、德国工业机器人装机量排名全球前 5 位，分别为 29 万套、5 万套、3.96 万套、3.17 万套、2.56 万套，5 个国家新增装机量占全球装机量比重约 80%。

服务机器人领域，2022 年全球专业服务机器人销量为 15.8 万套，增长 48%，2017—2022 年年均增长率达 30%；消费类服务机器人销量达 500 万套，增长率较上年下降 12%。其中，专业服务机器人销量排名前 5 位的应用领域为运输与物流、招待、医疗保健、农业、专业清洁，分别为 8.6 万套、2.45 万套、0.93 万套、0.8 万套、0.69 万套。服务机器人制造商数量，美国、中国、德国、日本、法国、韩国排名全球前 6 位。我国服务机器人渗透率加速提升。数据显示，2021 年，全球物流机器人、酒店服务机器人、医疗机器人、商用清洁机器人以及农业机器人销量总数超过 10 万台，同比增长 41.4%[1]。

三、中国成为全球机器人产业发展的重要力量

我国机器人产业综合水平进入全球第二梯队。机器人产业已形成较为完整的产业链体系，基本解决了"从无到有"的问题。**我国是全球工业机器人**

---

[1] 左宗鑫. 应用边界不断拓展机器人产业跃升在即[N]. 中国工业报, 2023-08-22.

最大的消费市场。我国工业机器人装机量2013年首次超越日本，迄今已连续10年成为全球最大的工业机器人市场，2022年我国工业机器人装机量增长了5%，占全球装机量的52%，运行存量突破150万台的历史纪录。制造业机器人密度从2013年的30台/万人增长至2022年的392台/万人。我国机器人产业链配套基础逐步完善，减速器、伺服系统、控制器、一体化关节、传感器、芯片、算法等机器人产业链关键领域持续突破，部分企业已具备国际竞争优势。**服务机器人成为我国机器人技术"换道超车"的重要赛道**。服务机器人成为全球争夺新兴产业主导地位的重要阵地。随着机器人技术与新一代信息技术、生物技术、新能源、新材料等深度融合，机器人新技术新产品加速涌现，新兴机器人技术及产品让所有国家都处在同一起跑线上，服务机器人成为我国机器人技术"换道超车"的重要机遇。**我国部分特种机器人拥有世界先进甚至全球领先的优势**。特种机器人成为全球主要国家相互制衡的重要战场。特种机器人通常部署在国防、能源等战略性行业和公共安全领域，在国家经济增长、国家安全和技术进步等方面发挥着至关重要的作用。领先国家竞相开发先进的军用机器人、无人机、无人水下航行器等，通过争夺专业机器人的主导地位，保持国防、公共安全等关键领域的竞争优势。我国空间机器人、水下机器人已经取得重大创新突破。

我国是全球机器人生产和消费大国，但与国际先进水平相比，机器人产业仍然大而不强，产业高质量发展还存在诸多问题。**中国本土机器人企业发展迅速，但国产替代步伐仍显缓慢**。随着中国本土机器人企业的崛起，诞生了如新松、埃斯顿、汇川技术、埃夫特、卡诺普、博智林等一批国产品牌。截至目前，全国在业和存续机器人相关企业21.26万家。从地域分布来看，机器人企业主要集中在广东、江苏、浙江、山东、上海五大区域[①]。但是在机器人整机与核心零部件关键环节，我国的国产替代步伐仍显缓慢，2022年我国自主品牌工业机器人市场占有率仅为36%。我国机器人产业还存在产业发展基础较为薄弱、高端产品供给不足、应用拓展深度广度不够等

---

① 傅翠晓，李航祺. 工业机器人产业竞争格局与创新发展趋势[J]. 张江科技评论，2023(2): 54-57.

问题。高精密减速器、高端伺服系统、高性能控制器等关键零部件质量稳定性、可靠性等无法完全满足高性能机器人整机需求。汽车、航空航天、电子信息等高端应用领域市场份额被外资品牌占据，自主品牌产品整体处于产业链中低端。机器人应用亟待拓展深入，缺乏高端应用验证机会和服务体系。国产整机和零部件产品缺乏良性应用生态，用户参与度不高，产品性能和可靠性难以在应用中快速迭代。

中国机器人产业面临打压的情况日益严峻。美国陆续发布对我国机器人产业发展和科技创新的一系列遏制举措，构建对我国机器人产业的系统化遏制能力。**美国通过贸易调查、实体清单等措施，打压遏制我国机器人产业**。2017年，美国对我国发起了"301调查"，中美贸易战拉开序幕。2018年，美国拟对中国出口到美国的约1300种税号，价值约500亿美元的产品加征高达25%的关税，主要涉及工业机器人、新一代信息技术、航空航天等领域。同年，美国发布《出口管制改革法案》，要求识别并新增对新兴技术与基础技术的出口管制。针对新兴技术，美国商务部工业和安全局发布了《拟议规则制定的预先通知》，列出了包含机器人在内的14类新兴技术清单。随后，美国陆续将北京理工大学、北京航空航天大学、哈尔滨工业大学、达闼等多家中国机器人研究高校及企业纳入实体清单，开展一系列限制和制裁措施。**美国布局遏制我国机器人领域科技创新的"先手棋"，开展对我国机器人技术开发利用情况评估的同时，持续加强本国机器人产业创新投入**。2021年，美国通过了《无尽前沿法案》，将机器人列为未来重点关注的十大前沿技术之一，成立美国国家科学基金会，成立科技与创新局，统筹前沿技术研发，并要求评估包括机器人技术在内的中国军民两用技术开发利用情况。2024年，美国白宫科技政策办公室发布了新版《关键和新兴技术清单》，将高度自动化、自主化、无人系统和机器人技术列入清单，相比最初的2020版和2022年的第一次更新版，2024版"清单"对机器人相关领域的技术进行了扩充，加强了机器人领域的布局，在支持美国国家技术安全、保护敏感技术和争夺国际人才等方面为美国行政部门和机构提供参考。

CHAPTER 2 | 第二章
变革与趋势

随着各国对机器人产业的高度关注和持续投入，机器人产业迎来重要的变革机遇期。机器人技术不断取得新突破，与人工智能、5G、物联网、仿生材料、智能传感等新技术加速融合创新。机器人成为经济社会智能化变革的关键工具，机器人市场规模持续扩大，人类社会加速进入人机共融的智能时代。

一、机器人处在技术变革爆发期

随着 5G、云计算、大数据、人工智能、新材料、柔性关节等技术与机器人技术的不断融合发展，机器人的定义和内涵特征也在不断拓展和演变。机器人技术广泛应用于生产装备和生活工具，使其具备全域感知、智能决策、准确执行等能力，衍生出"机器人化"的智能装备和生活工具[①]。从自主能力、机械结构和应用领域等角度，分析未来机器人将向更加智能化、融合化、通用化的方向发展，我们将进入人机共融的智能时代。2035 年，可以畅想，机器人将成为经济发展、人民生活、社会治理的重要组成部分，实现人与机器人和谐相处的美好愿景。

未来机器人将更加智能化，不再只是执行单一任务的机器，而是具有更多智能和感知能力的智能机器人。未来，"手脚眼脑"相关技术的快速发展为机器人智能化提供支持，使机器人拥有更强的感知能力、自主学习能力和决策能力，可根据环境的变化和不同的任务进行自主决策和执行。比如，传感技术的发展促进了机器人感知能力由单一模态向多模态全域感知升级。随着3D视觉传感器、六维力传感器等传感器的加速应用，机器视觉、多模态感知等技术的持续突破，机器人具备全域感知能力，智能化程度进一步增强，可以快速部署到不同环境和复杂任务中。机器人的智能化提升将更好地与周边设备、人以及机器人群实现互动合作。在数字化、物联网和人工智能等新兴技术的推动下，各行各业开始进入数字化和智能化的时代，智能工厂、

---

① 辛国斌：谱写机器人产业高质量发展新篇章。

智能生产是核心主题，其生产过程的智能性通过智能机器人、机器设备以及人之间的相互合作得以体现。

未来机器人技术将更加融合化，机器人的组成结构不再只是由机械和电子系统组成，而是成为新技术创新应用的重要载体。机器人综合了计算机、机械、人工智能、仿生学等多学科交叉知识，是当下研究活跃、应用日益广泛的领域。机器人技术与仿生学结合，未来机器人将会变得更拟人化，拥有类人的皮肤、毛发、表情等，成为人类极佳的生产工具和生活伙伴。现在的机器人可以轻松地处理多种任务，也能模仿人的部分动作，只是动作相对僵化。未来机器人将会有类似人类的关节和仿真人造的肌肉，动作流畅，能实现与人或其他机器人的良好互动和集群协作。机器人技术与人工智能技术融合，使机器人获得更好的信息处理和智能决策方法，像人一样拥有"大脑"，会逻辑思考；人与机器人的互动将更加自然和默契，机器人将更好地理解和执行人类的指令，拥有更强的自我学习能力，更好地与人类进行情感和认知层面的交流，将极大提升机器人处理复杂任务的能力。

未来机器人将更加通用化，不再只是聚焦特定领域的专用机器人，而是产品本身和应用边界日渐模糊的通用智能终端。通用型机器人通常具有更灵活的编程和操作能力，可以执行各种类型的动作和任务，能够适应不同的环境。专用型机器人则是针对特定任务或环境设计的机器人，通常具有更高的任务执行效率和精度。未来机器人发展的趋势是通用型机器人，与专用型机器人在一定程度上相互补充。新一代技术的支撑下，机器人变得更加灵活、灵巧与通用，具有更强的环境适应能力和自主能力，机器人产品的发展已经使其成为一个通用的平台，不仅具备多样化的功能，不断脱离特定行业或领域的限制，还通过搭载可以适应各种不同场景的软硬件设备，走向更广泛的应用。比如，协作机器人可以搭载不同的软硬件设备，应用于制造、物流、医疗康复、农业采摘等领域。未来机器人打通工业、服务、特种等不同行业应用壁垒，应用场景更加多样化。比如，以人形机器人、四足机器人等为代表的仿生机器人产品，在工厂可完成巡检、装配、搬运等任务；在家可提供看护、教育、陪伴、娱乐、清洁与做饭等服务；出行时，机器人可搬运重物，甚至还能当做私人保镖，为人类提供"一条龙"服务。因此，融合机器人技术的"机器人化"的智能装备，可更多地应用到农业、建筑、医疗、物流、娱乐和家庭服务等各个领域，赋能千行百业、走进千家万户。

专栏 2-1　机器人的智能化演变历程

机器人的定义是从其机械结构出发，按照应用的不同领域来分类的。根据国际标准化组织（ISO）的定义，机器人是具有两个或两个以上可编程的轴，以及一定程度的自主能力，可在其环境内运动以执行预期任务的执行机构。国际机器人联合会（IFR）将机器人分为工业机器人和服务机器人两大类。我国结合自身技术和产业发展实践，将机器人划分为工业机器人、服务机器人、特种机器人三类。工业革命以来，工业需求和传统的手工劳作之间的矛盾就已经日渐凸显，机器的发明与使用极大地提高了生产力水平，为人类社会创造了巨额财富。自工业革命以来，机器的设计理念和制造工艺一直不断地改善。20 世纪中期至今，大规模生产推动了自动化技术的发展，进而衍生出了 3 代机器人产品[①]。

第 1 代机器人是遥控操作的机器臂，源于核技术发展的需求。20 世纪 40 年代，美国建立了原子能实验室，但实验室内部的核辐射对人体伤害较大，迫切需要一些自动机械代替人处理放射性物质。在核技术发展需求的推动下，美国原子能委员会的阿贡国家实验室于 1947 年开发了遥控机械手，随后又在 1948 年开发了机械耦合的主从机械手，当操作人员控制主机械手做一连串动作时，从机械手可准确地模仿主机械手的动作。1952 年，美国帕森斯公司制造了一台由大型立式仿形铣床改装而成的三坐标数控铣床，标志着数控机床的诞生[②]。此后，科学家和工程师们对控

---

① 成思思. 机器人来袭：推动装备制造业升级[N]. 中国能源报，2014-09-15.
② 何宁. 数控机床产业智能化发展与赛博安全问题分析[J]. 制造技术与机床，2017(8): 28-32.

制系统、伺服系统、减速器等数控机床关键零部件技术的深入研究，为机器人技术的发展奠定了坚实的基础[①]。

第 1 代机器人的迭代，主要是以传统工业机器人和无人机为代表的机电一体化设备，研究聚焦操作与移动/飞行功能的实现，加入了一些简单的感知设备，如工业机械臂的关节编码器、AGV 的磁条/磁标传感器等，但智能程度还较低[②]。研发重点是机构设计，以及驱动、运动控制与状态感知等，代表性产品是六自由度多关节机械臂、并联机器人、SCARA 平面关节式机器人和磁条导引式 AGC 或 AGV，非制造领域的成功案例为各种循线跟踪式的无人机。这类机器人通过编程示教或循线跟踪，仅能在工厂或沿固定路线等结构化环境中，替换某些工位或特定工种设定的简单及重复性作业任务。

第 2 代机器人可以程序控制，具有一定的通用性和灵活性。1954 年，美国人乔治·德沃尔制造出世界上第一台可编程的机械手，并注册专利。机械手可按照预先设定好的程序从事不同的工作，具有通用性和灵活性。1957 年，被誉为"机器人之父"的美国人约瑟夫·恩格尔伯格创建了世界上第一家机器人公司—Unimation，并于 1959 年正式发布了第一台工业机器人 Unimate。该机器人由液压驱动，并依靠计算机控制手臂以执行相应的动作。1962 年，美国机床铸造公司也研制出了 Versatran 机器人，其工作原理与 Unimate 相似。一般认为，Unimate 和 Versatran 是世界上最早的工业机器人。

第 2 代机器人的迭代，其特点是具有部分环境感知、自主决策、自主规划与自主导航能力，特别是具有类人的视觉、语音、文本、触觉、力觉等模式识别能力，具有较强的环境适应性和一定的自主性。在机构设计方面，进一步发展为安全、灵巧、灵活、通用、低耗以及具有自然交互能力

---

① 季文超. 我国工业机器人技术现状与产业化发展战略[J]. 电子元器件与信息技术，2020, 4(8): 64-65.
② 邓志东. 智能机器人发展简史[J]. 人工智能，2018(3): 6-11.

的仿生机械臂与机械腿(足)等。在工业机器人领域,诞生了瑞士 ABB YuMi 双臂协作机器人、美国 Rethink 机器人公司的 Baxer 和 Sawyer 机械臂,以及丹麦 Universal 公司的 UR10 等产品。非制造领域的代表性产品是 L3、L4 自动驾驶汽车(具有部分环境感知能力与一定的自主决策能力)、达芬奇微创外科手术机器人,以及波士顿动力公司的大狗、猎豹、阿特拉斯、Handle(轮腿式)等系列仿生机器人。

第 3 代机器人被称作智能机器人,其运动、控制、决策自主性更高。20 世纪 70 年代,第 3 代机器人代表性产品为厄恩斯特的触觉传感机械手、托莫维奇和博尼的安装有压力传感器的"灵巧手"、麦卡锡的具备视觉传感系统的机器人,以及约翰斯·霍普金斯大学应用物理实验室研制出的 Beast 机器人。随着众多研究机构的加入,第 3 代智能机器人发展的曙光已经显现。1968 年,斯坦福国际咨询研究所,开发了移动机器人 Shakey,标志着全球第一台集成人工智能的移动机器人问世。Shakey 拥有自我感知环境、建模和规划行为的能力。硬件配置包括电视摄像头、三角测距仪、碰撞传感器、电机和编码器,并通过无线通信连接两台计算机进行控制。由于当时的计算能力有限,Shakey 需要在宽敞的机房内运行,而且其行动规划可能需要长达数小时的时间[1]。

第 3 代机器人的迭代,除具有第 2 代智能机器人的全部能力外,还具有更强的环境感知、认知与情感交互功能,以及自学习、自繁殖乃至自进化能力。核心是开始逐步具有认知智能的能力,即通过各种传感器来获取环境信息,然后基于机器视觉、人工智能等技术进行识别、理解和推理,并做出规划决策,同时能够通过自主行动实现预定目标。例如,2014 年日本软银公司发布的第一款消费类智能人形机器人 Pepper,已具有基于人工智能的语音交互、人脸追踪与识别,以及初步的情感交互能力。另外就是目前颇具争议的、首位被授予沙特公民身份的"机器人索菲亚",也表现出第三代智能机器人研究工作中的一些特征,即更加重视理解判决与情感交互等认知功能的模拟和探索。

---

[1] 张小俊,刘欢欢,赵少魁等. 机器人智能化研究的关键技术与发展展望[J]. 机械设计,2016,33(8):1-7.

二、机器人市场需求空间广阔

劳动力供给减少、人口老龄化加剧、劳动力成本上升等问题给社会发展及企业用工带来严峻挑战，机器人可弥补劳动力短缺，未来对机器人的需求将持续加速释放[①]。机器人是应对劳动力减少、人口老龄化的重要工具。**劳动力供给方面**，中国、日本、韩国等国 15～64 岁劳动年龄人口已经开始减少。中国就业人员及占人口比重逐年下降，劳动力短缺或将进一步凸显。教育部、人力资源和社会保障部、工业和信息化部发布的《制造业人才发展规划指南》显示，中国制造业十大重点领域 2020 年的人才缺口超过 1900 万人，2025 年将接近 3000 万人，缺口率高达 48%。工业生产对劳动力从劳动密集型向技术密集型转变的需求日益迫切，大力发展机器人产业是实现这一转变的重要工具。

人口老龄化方面，2022 年，全球 65 岁及以上的人口占比约 10%，2050 年将达到 16%。联合国《世界人口展望 2022》报告显示，近几十年来，许多国家的生育水平显著下降。2021 年，全球平均生育率为 2.3，低于 20 世纪中期约为 5 的水平。预计到 2050 年，全球平均生育率将降至 2.1。预计到 2050 年，欧洲、北美洲、东亚和东南亚约四分之一人口的年龄在 65 岁或以上。第七次全国人口普查数据显示，2020 年我国 65 岁及以上人口达 19064 万人，占全国总人口比重为 13.5%；60 岁及以上人口达 26402 万人，占全国总人口比重为 18.7%。国家卫生健康委测算，"十四五"时期，60 岁及以上老年人口总量将突破 3 亿，占比将超过 20%，进入中度老龄化阶段；2035 年前后，60 岁及以上老年人口将突破 4 亿，在总人口中的占比将超过 30%，进入重度老龄化阶段。

劳动力成本方面，劳动力市场成本逐渐攀升，制造业平均工资持续增长，

---

① 郭艳. 服务机器人技能教育市场巨大[J]. 中国对外贸易，2021 (4): 79-80.

制造业利用廉价劳动力竞争的模式亟待改变。近年来，全球主要国家就业人员平均工资逐年走高，企业用人成本持续增加。如何提高效率，降低用人成本将是企业面临的一大问题。随着机器人使用成本下降，机器人将逐步替代人类从事程序化、重复性的简单劳动工作，降低人力成本，提升企业运转效率。

三、机器人助力经济社会转型

从早期原子能实验室里的机械手，到后来汽车生产线上的机械臂，再到如今随处可见的工业机器人、物流机器人、医疗机器人、农业机器人、建筑机器人、四足机器人、人形机器人等各类新奇机器人产品，短短几十载，机器人的应用和发展在提高生产效率、促进产业升级、创新商业模式、释放人力资源、提升生活质量等方面起到了关键的作用，为人类提供各式各样的帮助与服务，解决各式各样的难题。

机器人作为技术融合载体，是新时代科技创新的重要标志。习近平总书记强调，"随着信息化、工业化不断融合，以机器人科技为代表的智能产业蓬勃兴起，成为新时代科技创新的一个重要标志"。机器人产业是引领数字时代经济社会转型的重要引擎。机器人产业是推进装备数字化，促进数字经济和实体经济融合发展，赋能经济社会数字化转型的重要驱动力量。机器人产业是现代化产业体系的重要组成部分，代表新一轮科技革命和产业变革的方向，是培育发展新动能、抢占科技竞争和未来产业发展制高点的焦点领域。

机器人作为生产工具，可以大幅提高生产效率和产品质量。未来，随着机器人技术更加深入地融合 5G、物联网、人工智能等新一代信息技术，机器人作为新质生产力对新型工业化的支撑作用将更为突出，可促进制造业向高端化、智能化、绿色化转型。机器人技术通过自动化和智能化替代部分劳动密集型工作，如制造业、物流业等，可减轻工人的压力。机器人技术可以用于生产过程中的各个环节，提升智能化水平，提高生产效率和产品质量。

智能制造系统可以自动调整生产流程和工艺参数，以满足市场需求的变化。通过优化生产线布局和物流运输，可降低生产成本，提高企业的竞争力。工业机器人应用领域已从传统的汽车、电子电气、金属与机械、塑料和化学制品、食品等行业，向新能源汽车、锂电池、光伏等新兴行业应用快速拓展。2023 年，我国工业机器人应用领域已覆盖国民经济 71 个行业大类、226 个行业中类。

机器人作为生活助手，是满足人民对美好生活向往的"好帮手"。习近平总书记指出，"人民对美好生活的向往，就是我们的奋斗目标"，"推动机器人科技研发和产业化进程，使机器人科技及其产品更好为推动发展、造福人民服务"。机器人的创新发展改变了人类生产模式和生活方式，但不是为了替代人，而是更好地服务于人。"机器人化"的生产装备和生活工具广泛融入各行各业，无处不在、无所不及。人与机器协同发展、和谐共生，共同擘画科技创造美好生活的智能图景，为转变经济发展方式、释放经济发展潜力、增进人民福祉发挥积极作用[1]。服务机器人智能化产品日益丰富。机器人广泛应用于商业、建筑、社会服务等领域，以及物流、酒店、医疗、教育、家庭服务等场景，有效应对人口老龄化，改变人民生活方式，提升人民生活福祉。在居家陪伴和养老服务领域，机器人针对老年人的看护问题，可以提供日常的照料服务，如健康监测、喂饭、翻身、陪伴等，减轻护理人员的工作负担。陪伴机器人可以为老年人提供心理支持、聊天和陪伴，改善老年人的生活质量。医疗健康领域，机器人在医疗保健领域的应用也在不断扩展，手术机器人能够提高手术精度和效率，康复机器人能够帮助患者恢复肢体功能。特种领域，机器人可以应用于太空探索、深海勘探、灾难救援等领域。在国家重大基础设施与重大工程领域，以及国防安全和社会安全领域，机器人不断拓展应用场景，服务国家战略需求，完成人类难以完成的任务。

---

[1] 刘坤. 机器人"出圈"，如何赋能千行百业[N]. 光明日报，2023-02-16.

CHAPTER 3 第三章 主要国家发展战略历程

纵观各国机器人产业的发展历程，技术创新、产业政策、市场应用需求等是机器人产业崛起的关键因素，其中，国家产业政策对本国机器人产业发展的影响尤为重要。主要国家高度重视对机器人产业的战略部署，纷纷制定机器人路线图、机器人计划、机器人战略、机器人规划等，前瞻谋划机器人发展，构建涵盖技术创新、资金支持、产学研合作、产业化应用等方面的产业生态，保持科技和产业的先进性、领先性。

一、美国：保持机器人产业全球创新领先优势

美国作为机器人技术的发源地，创新能力突出，科技力量雄厚。但是，起初美国由于产业政策的原因，并未将机器人创新技术大规模产业化，随着产业政策的调整，美国持续保持机器人前沿技术的领先性。

20 世纪 50 年代，美国是最早从事自动控制及机器人技术研究的国家，机器人技术创新活跃，应用率先取得突破。1948 年，美国数学家诺伯特·维纳出版了名为《控制论：或关于在动物和机器中控制和通信的科学》的著作，开创了控制论，该著作为现代机器人的产生奠定了理论基础。1954 年，美国乔治·德沃尔首次申请了工业机器人专利；1956 年，他和约瑟夫·恩格尔伯格成立了 Unimation 公司；1959 年，他们发明了世界上第一台工业机器人 Unimate。1961 年，Unimate 实现了工业机器人的首次成功应用，在新泽西州特伦顿的通用汽车 Ternstedt 工厂安装运行，用于从压铸机上卸下成品铸件这一肮脏、沉闷和危险的工作。1969 年，通用汽车重建了俄亥俄州洛兹敦的工厂，安装了 Unimate 点焊机器人，能够实现每小时生产 110 辆汽车，是当时任何一家汽车工厂生产效率的两倍多。在 Unimate 的帮助下，通用汽车彻底改变了汽车行业。宝马、沃尔沃、梅赛德斯奔驰等公司纷纷效仿，安装了 Unimate 机器人。1969 年，维克多·沙因曼在斯坦福大学发明了全球第一款 6 轴全电动机器人斯坦福臂，将机器人拓展到装配和电弧焊等更复杂的应用领域。1973 年，美国辛辛那提米拉克龙公司开发出世界第一台小型计

算机控制的工业机器人 T3。1978 年，美国 Unimation 公司推出通用工业机器人 PUMA，这一里程碑事件象征着工业机器人技术的日益成熟。

20 世纪六七十年代，美国重点关注机器人基础理论研究，在产业发展选择上，为减轻就业压力，早期支持机器人规模产业化应用的政策较少。美国早期重点关注国防和空间科技研究，对应用技术研究支持相对较少，工业机器人产业政策未注重大规模应用机器人，企业错失机器人大规模产业化先机。**从政策支持看，美国政府重视基础研究，对应用技术研究支持相对较少。**例如，罗斯福总统的科学顾问万尼瓦尔·布什撰写的《科学：无尽的前沿》报告中指出，在军事研究之外，联邦政府应加强对基础科学的支持，而将应用研究的职责交给工业界。值得注意的是，美国政府并未采取积极的产业政策支持机器人技术的商业化。在这一时期，严重的失业问题一直困扰着美国政府，失业率居高不下。数据显示，美国 1946 年失业人数为 227 万，1954 年为 357 万，1964 年达 456 万，1974 年后，每年都在 500 万以上；相对的失业率也在逐步上升，20 世纪 40 年代为 4.4%，50 年代为 4.5%，60 年代为 4.8%，70 年代则猛升至 6.65%。对于机器人的出现，美国对其可能引发的更严重失业问题表示担忧，因此更侧重于对工业机器人技术的基础研究进行资助。相比之下，对于机器人应用开发方面的资金支持则相对有限。到 20 世纪六七十年代，美国政府继续沿用冷战时期的国际竞争战略，并对国防和空间领域的相关研究给予了特别的关注和更高的投入力度。尽管在机器人领域，美国的发展战略特别重视基础理论研究，使得美国在全球机器人技术层面上处于领先地位；但在 20 世纪 70 年代初期，由于政府将绝大部分资源和经费都用于空间科学和国防研究，针对科技与经济结合的政策缺失，降低了工业商品的竞争力[①]。

从企业应用看，企业应用机器人成本高昂，且未来发展前景尚不清晰。美国从 20 世纪 30 到 50 年代逐渐建立起成熟的刚性自动化生产技术，改变生产方式需要大量投资，例如，Unimation 公司为了打开机器人的市场空间，

---

① 陈劲. 科学、技术与创新政策[M]. 北京：科学出版社，2013.

将成本约 6.5 万美元的 Unimate 机器人售价降低到 1.8 万美元，但该价格仍相当于当时十多个工人的年工资。此外，机器人等柔性自动化装置刚刚诞生，其未来发展前景尚不清晰，企业多持观望态度，机器人技术难以得到推广和快速发展。直到今天，美国的焊接、喷涂和装配机器人依然主要依赖日本或欧洲进口，美国的工业机器人厂商在全球市场上的份额不到 10%，美国制造业机器人密度也低于韩国、德国、日本等国家。

20 世纪 80 年代，美国通过加强科技成果转化、支持机器人企业发展等政策，加速将前期技术积累转变为产业发展优势。 在美苏争霸的背景下，日本和西欧国家逐渐发展，在科技和经济领域对美国构成了强有力的挑战，其中，日本的汽车工业成功引入机器人进行生产，产生了巨大经济效益。美国基于其在军事机器人、空间机器人等领域的技术竞争优势，主要从支持联邦实验室和高校科技成果转移转化出发，将研究成果及时产业化。美国在 20 世纪 80 年代出台了一系列政策，促进机器人技术成果转化，加快机器人规模化应用。

美国通过立法方式，明确联邦实验室的技术成果转化的任务，并建立合作研发机制加速技术成果转化。 联邦实验室是美国在二战及冷战期间构建的庞大的实验室体系，是美国政府科研机构的主体，隶属于各政府部门。联邦实验室拥有先进的设备和充裕的资金，具备强大的研究、开发与生产能力，在联邦政府经费资助下产生的研发成果均归属于联邦政府。这些成果未经核准不得应用，通常以专有授权的方式转移至私营企业进行进一步应用和开发。1980 年，美国颁布了《史蒂文森-威德勒技术创新法》(Stevenson-Wydler Technology Innovation Act，STIA)，该法案规定了联邦实验室在技术转移中承担的重要责任。该法案要求年度预算总额在两千万美元以上的联邦实验室建立研究和技术应用办公室，同时，授权并鼓励联邦实验室将联邦政府拥有和开发的技术转移给产业界，同时设立了国家技术奖以激励技术转移。1986 年，美国联邦政府出台了《联邦技术转移法》(Federal Technology Transfer Act，FTTA)，作为对《史蒂文森-威德勒技术创新法》的补充，以强化技术转移机制。该法案提倡建立联邦实验室与企业的合作研发机制，旨在加速推动技术转移和商品化进程。合作研发协议是这一机制的核心，由联邦政府实验室与私营部门订立。根据协议，研发成果归私营企业所有，并保留其发明专利权，而政府则有权获得专利许可。这种合作模式确保了创新成果能够迅速进入市场，推动了机器人技术的商业化、民用化以及工业机器人的产业化，从而增强了美国在工业机器人技术领域的全球竞争力。

美国立法支持技术和产业创新，并支持高校科研成果转移转化，形成了以高技术企业孵化器为代表的技术转移模式。美国还制定了专门的政策法规，鼓励大学向企业进行技术转移。《史蒂文森-威德勒技术创新法》针对大学的技术转移工作明确提出了在商务部设立工业技术中心，对技术和产业创新进行研究支持。1980年，美国国会通过了在促进大学科技成果转化方面具有里程碑意义的《拜杜法案》（Bayh-Dole Act），即《专利和商标法修正案》（Patent and Trademark Law Amendments Act，PTLAA）。该法案专门针对大学技术转移进行立法，从专利制度的原则和目的出发，促进大学研究成果的应用和商业化。在此之前，大学研究成果多数情况下归联邦政府所有，而该法案将这些研究成果的所有权转为私人企业和大学，为科技成果的快速转化提供了前提条件。这一变革性的法案很快在美国的大学引发了热烈的反响，催生了技术转移的热潮。受到斯坦福大学等大学技术许可办公室的成功经验启发，美国的大学纷纷成立了技术许可办公室，这些机构不仅提供教研人员的咨询服务，还负责专利许可、企业资助研究活动、高技术企业孵化器、大学企业联合研究中心等工作。这些技术转移机构的成立和运行极大推动了大学和产业界的紧密合作，加速了科技成果的转化和应用。

美国从增加政府投资、提高企业研发能力等角度，积极营造有利于机器人科技创新的环境，支持机器人企业创新发展。美国采用直接资助和税收优惠等方式，支持企业创新活动。例如，1981年，美国政府通过了《经济复兴税收法》（Economic Recovery Tax Act，ERTA），根据该法，如果企业研发方面的开支超过其三年的平均水平，则该企业可享受25%的税收减免。

1982 年，美国颁布了《小企业创新研究计划》（Small Business Innovation Research Program，SBIR），根据该计划，年度对外委托研究经费预算超过 1 亿美元的联邦政府研究实验室需要按一定比例从经费划拨一批资金，用于资助小企业参与其研究项目。

20 世纪 90 年代，美国密集出台科技政策，完善创新激励机制，强化科技创新作用，进一步促进创新成果转化，保持其在机器人领域的科技领先地位。美国在 1988 年出台的《综合贸易与竞争法案》基础上，先后推出了《先进技术计划》（Advanced Technology Program，ATP）和《制造拓展合作伙伴计划》（Manufacturing Extension Partnership，MEP），并持续增大投入，由联邦政府提供支持，加速创新研发和创新成果转化。为了进一步协调联邦政府的研发工作，美国成立了科学与技术顾问委员会（President's Council of Advisors on Science and Technology，PCAST），为总统提供直接的决策参考。在促进技术开发与扩散方面，美国 1993 年成立了全国科学技术委员会（National Science and Technology Council，NSTC），该委员会在总统层面发挥作用，负责协调联邦政府的科技政策，并管理联邦政府层面的研发活动。随着技术发展，许多技术具有军民两用的特点，美国积极将机器人等商业市场上获得的新技术用于国防事业，促进军民两用技术发展。1992 年，美国国会通过了《国防转轨、再投资和过渡援助法案》（Defense Conversion and Reinvestment Transition Assistance Act，DCRTAA），以推动军民两用技术的研发。由美国国防高级研究计划局（Defense Advanced Research Projects Agency，DARPA）负责管理的《技术再投资计划》（Technology Reinvestment Program，TRP）是其首个重要的军民两用技术项目，鼓励将民用技术应用于军事领域，以促进军用产品的创新，加强技术积累。

21 世纪以来，美国持续制定机器人战略，提升美国在机器人领域的技术领先地位，科技企业加快入局机器人领域，机器人技术推动经济发展的能力得到充分发挥。在工业机器人"四大家族"的格局基本形成后，美国在擅长的信息网络、视觉、力觉等方面予以加强。2008 年金融危机之后，美国提出了再工业化战略，更加注重机器人产业的发展。2009 年，美国工业界和学术界联合制定了第一版《美国机器人路线图：从互联网到机器人》(A Roadmap for US Robotics:From Internet to Robotics)报告，报告指出，尽管工业机器人最初诞生在美国，但如今日本和欧洲占据了全球领先地位。该报告明确机器人技术对国家经济、社会和安全需求的未来影响，制定相关技术发展路径，在制造、医疗和服务领域加快机器人研发应用，并提出了未来 5 年、10 年和 15 年的技术发展目标。基于该技术路线图，美国在 2011 年发布了《国家机器人计划》(National Robotics Initiative，NRI)，旨在加速工业机器人的开发和使用，通过研发下一代机器人技术，提高机器人从零部件到系统的功能性和实用性，从而能更好地辅助人类生产并形成人机互动的工作体系，目标是使美国在下一代机器人技术及应用方面达到全球领先地位，进而推动机器人产业发展。2016 年，美国发布了《国家机器人计划(NRI-2.0)》，该计划大幅扩展了 NRI 计划的范围和目标，重点是发展协作机器人，主要突破多机器人协同、人机协同、机器人同其他设备交互等技术，以降低机器人使用门槛，建立整体的工作体系，同时鼓励学术、工业、非营利组织和其他组织之间的合作。2019 年和 2020 年美国为 NRI-2.0 提供创新研究预算分别为 3500 万和 3200 万美元，美国协作机器人在制造业应用进一步扩大。2020 年，美国修订了第四版最新机器人路线图，促进机器人在制造业、生活质量、物流、农业、医疗、安全、运输等 7 个领域的广泛应用，制定了未来 15 年主要突破机器人架构与设计实现、移动性、抓取和操作、感知、规划和控制、学习和适应、人机交互、多机器人协作等 8 个领域先进技术，进而实现机器人产业带动经济增长、提高人类生活质量的目标，以确保美国在机器人技术领域的持续领先地位。基于机器人技术路线图，美国国防部提供大量资金支持，美国智能机器人与自主系统（Intelligent Robotics and Autonomous Systems，IRAS）相关研发项目迅速启动。2021 年，美国又推出了《国家机器人计划（NRI-3.0）》，在国家机器人计划前两版的基础上重点关注机器人集成系统的研发，美国政府为 NRI-3.0 投资了 1400 万美元，持续支持学术、产业、政府、非营利组织和其他组织之间开展合作，加强机器人基础创新研究，提高了机器人整体性能，机器人智能化数字化水平得到提升。2021财年，美国国防部预算中75.4亿美元被用于采购智能机器人与加快自主系统研发；2022财年预算为82亿美元，资金投入不断增多以加强军队智能化建设。随着机器人及自动化技术在美国制造业以及在美国经济中发挥的作用逐渐增强，美国科技企业开始涉足机器人领域，相继投资、并购了机器人领域的相关企业。美国对冲基金入股了日本机器人企业发那科；谷歌连续收购多家机器人相关企业；亚马逊也收购了仓储机器人、无人机企业。美国通过国内投行及互联网巨头整合全球机器人资源乃至制造业资源的发展路线已清晰可见。

2017年，美陆军发布《机器人与自主系统（RAS）战略》，提出未来15年将把自主系统领域研发作为重点，以增强陆军智能化作战能力。该战略提出加速研发自主系统（RAS）能力，以实现无人地面系统（UGS）和无人机系统（UAS）的5项发展目标。美陆军把发展自主性、人工智能和通用控制技术作为重点并贯穿于RAS战略三个阶段实施的全过程。第一阶段（2017—2020年），美陆军发展能够为徒步士兵提供武器、装备、弹药、水、食物及其他补给品的地面无人车辆，主要用于提高步兵的态势感知能力、减轻士兵负重、增强自动化地面补给系统，可提高保障能力、设置道路清除系统、建设排爆RAS平台并改进有效载荷，以方便士兵行动和加强军力保护。第二阶段（2021—2030年），美陆军利用先进的小型RAS和蜂群技术进一步增强态势感知能力，采用外骨骼技术减轻士兵负重，创新突破无人战车和先进有效载荷提高机动能力。第三阶段（2031—2040年），美陆军利用蜂群系统的持续侦察能力强化态势感知，增强自主空中货物投送提高保障能力，制造更先进的无人战车提高机动能力。

2023年，美国白宫公布了一系列围绕美国人工智能使用和发展的新举措并更新发布了《国家人工智能研发战略计划》。该计划明确指出，在人工智能方面，美国联邦政府投资促进"负责任的美国创新"事项的研发，服务于公共利益，保护人民的权利和安全，确保美国在人工智能系统方面的开发和使用继续保持领先地位。该计划包括 9 项关键投资战略，如"更好地了解国家人工智能研发的劳动力需求""对基础和负责任的人工智能研究进行长期投资""确保人工智能系统的安全和保障"等。其中，对基础和负责任的人工智能研究进行长期投资，优先投资下一代人工智能以推动"负责任的创新"，包括推进基础人工智能能力，致力于开发更易使用和更可靠的人工智能以及评价和管理生成式人工智能相关的风险。其中，确立了包括开发功能更强大和更可靠的机器人、促进联邦机器学习方法、拥抱可持续的人工智能和计算系统等十大方向，加快机器人快速发展。美国为了抓住人工智能带来的机会，政府采取行动，促进负责任的人工智能创新，将人、社区和公共利益放在中心位置，并管理 AI 技术发展对个人和社会、安全和经济的风险。

二、日本：确保机器人领域的世界领先地位

日本以下游需求为导向推动产品研发创新，逐步由模仿创新走向自主创新。日本通过政府与企业紧密合作，共同推动机器人产业快速走向成熟。

20 世纪 50 年代至 70 年代初，日本在引进技术的基础上，逐步构建了减速器、数控系统、伺服电机等部件的技术积累。日本依托深厚的工业基础技术积累，在精密减速器和伺服电机等机器人关键部件领域，将重型机械、航天、国防等领域工业基础转化为机器人产业的关键核心技术。日本的安川电机和发那科是全球知名的工业机器人企业，二者均在 20 世纪 50 年代构建了核心部件的技术积累。安川电机成立于 1915 年。1954 年，安川电机与 ABB 公司的前身之一 BBC 公司（ABB 公司由瑞典的阿西亚公司（ASEA）和瑞士的布朗·勃法瑞公司（BBC）于 1988 年合并而来）合作，开始研发直流电动机产品，于 1958 年发明直流伺服电动机。发那科从研发数控系统起家，1956 年，发那科数控系统开发成功。谐波减速器龙头企业哈默纳科由长谷川齿轮与美国 USM 公司于 1970 年设立，开始生产主要用于航空航天和国防领域的谐波减速器。

20 世纪 60 年代末至 70 年代末，基于日本机器人产业技术积累和产业应用需求扩张，日本机器人技术和应用得到迅速发展。在核心零部件领域，引进工业机器人整机技术后，日本的安川电机、发那科等企业基于核心部件技术积累逐步进入工业机器人整机领域，以核心部件技术水平作为核心竞争力，不断取得机器人创新成就。川崎重工是日本工业机器人领域的先驱。1966 年，美国 Unimation 公司创始人约瑟夫·恩格尔伯格试图扩大美国以外的客户群，在与 400 多名对制造业机器人感兴趣的日本企业高管交谈后，约瑟夫·恩格尔伯格于 1969 年与川崎重工（现为川崎机器人）签署了许可协议，授权其为亚洲市场制造和销售 Unimate 机器人。1969 年，川崎重工公司成功开发了 Kawasaki-Unimate2000 机器人，这是日本生产的第一台工业机器人。之后，日本核心部件优势企业依托核心部件技术优势发力整机生产，奠定了日本机器人产业全球领先的基础。安川电机公司 1974 年开始进入工业机器人研发领域。发那科 1971 年成为全球最大的数控系统生产厂家；1974 年，发那科首台工业机器人问世。至今，日本的核心零部件和整机企业均占据了全球主要市场份额。例如，安川电机的伺服电机与变频器的市场份额位居世界第一，发那科数控系统的市场份额仍为全球第一，川崎重工公司则在造船等行业应用具有领先优势，哈默纳克、纳博特斯克、住友、三菱和那智不二越等企业掌控了机器人零配件供应市场的话语权。

在整机领域，日本在技术引进基础上加速技术创新，创新产品不断涌现，进入机器人技术创新的活跃期。1973 年，日本日立公司开发出为混凝土桩行业使用的自动螺栓连接机器人，这是全球第一台安装有动态视觉传感器的工业机器人。1974 年，日本川崎重工公司将用于制造川崎摩托车框架的 Unimate 点焊机器人改造成弧焊机器人。同年，川崎还开发了世界上首款带精密插入控制功能的机器人，命名为"Hi-T-Hand"。1975 年，日本日立公司开发了第一个基于传感器的弧焊机器人，命名为"Mr.AROS"。1978 年，日本山梨大学的牧野洋发明了世界首台 SCARA 机器人，适用于搬动和取放集成电路板等物件。

在机器人应用领域，日本率先成立机器人协会，强化产业协同，机器人快速应用并得到大规模推广。1971 年，日本成立了世界上第一个全国性的机器人协会，即日本机器人协会。1972 年，日本日产汽车公司安装运行了点焊机器人生产线。由于产业应用的迫切需求，日本的工业机器人很快进入实用阶段。日本汽车制造商在 20 世纪 70 年代后期开始使用工业机器人，日本的工业机器人很快进入实用阶段，并由汽车业逐步扩大到其他制造业以及非制造业。1980 年被称为日本机器人普及元年，日本开始在各个领域推广使用机器人，成为日本保持经济增长速度和产品竞争力不可或缺的力量。20 世纪 80 年代，日本逐步成为名副其实的"机器人王国"，产量和装机台数在全球稳居首位。

20 世纪 80 年代至 90 年代末，面对机器人应用需求的迅速增长，日本政府积极出台产业政策支持创新研发及下游应用推广，助力日本机器人产业由小到大、由大到强，自主创新发展。20 世纪 80 年代，日本国内汽车、电机等下游产业对机器人的需求迅速增长，这对日本工业机器人行业发展起到关键作用。在这一时期，日本汽车工业异军突起，成为世界上最大的汽车生产国和出口国。日本政府也在产业政策上进行了大胆的变革和创新，积极鼓励机器人的创新，推动机器人应用。一方面，在经济上积极扶持机器人技术研发，吸引更多的科研机构参与其中。例如，1983 年，日本开展实施极限作业机器人研究开发项目；1985 年，提出促进基础技术开发税制，支持中小企业科技创新。另一方面，政府对企业应用机器人采取了诸多经济优惠政策，如由政府银行提供优惠的低息资金，设立财政投融资租赁制度，鼓励集资成立机器人长期租赁公司，大大减轻了企业购入机器人所需的资金负担。把由计算机控制的示教再现型机器人作为特别折扣优惠产品，对采购机器人的企业给予 40%的折扣优待和 13%的价格补贴。此外，政府还出资免费对小企业进行应用机器人的专门知识和技术培训指导。1980—1990 年，日本国内工业机器人运行存量和销售额迅速增长。

进入 21 世纪，日本将机器人产业上升至国家战略，对机器人产业重视程度进一步增强。2014年6月，日本政府修订了《日本振兴战略》，其中提出了要推动"机器人驱动的新工业革命"。2015年1月，日本经济产业省发布了《日本机器人战略：愿景、战略、行动计划》（即《机器人新战略》）。日本《机器人新战略》提出以机器人革命为目标，着眼于机器人的创新、应用与系统集成，应对迫切需要解决的人口老龄化问题，确保日本机器人领域的世界领先地位。《机器人新战略》提出了实现机器人革命的三大核心战略，并对应提出了实施举措。

一是成为世界机器人创新基地，彻底强化机器人产业的培育能力。在实施举措上，日本成立"机器人革命促进会"，该组织致力于协调各相关机构，明确各机构职责，并使各机构共享进展情况，以共同推进机器人新战略。通过增加产、学、官之间的合作，促进用户与厂商之间的对接机会增加。该战略还提出重视培养机器人人才，培育机器人系统集成、软件等信息技术人才，以及开展机器人革命的关键性人才。此外，该战略还提出推进下一代技术开发，积极开展国际标准化等工作。

二是成为世界第一的机器人应用社会，使机器人随处可见。在实施举措上，通过在劳动密集型产业中，推动在生产率较低的生产过程、简单的重复性工作、重体力劳动等环节大规模安装机器人，以解决劳动力短缺问题。为促进机器人在各领域的应用，制订2020年制造、服务、医疗护理、基础设施、自然灾害应对、工程建设、农业等领域的战略目标与行动计划，并逐项落实。培育机器人在新领域产生的新价值，如机器人在娱乐领域的应用。进一步扩大机器人技术的应用范围，将技术开发成果推广到更多领域。

三是迈向领先世界的机器人新时代。在实施举措上，日本认为，物联网时代，数据的高级应用正逐步构建数据驱动型社会。面对物联网时代的到来，要制订着眼于机器人新时代的战略。要推进以机器人互联互通、自主数据积累、灵活应用数据为基础的业务规则和国际标准的制订。根据《机器人新战略》的展望，日本致力于在全球范围内率先实现机器人革命，不仅局限于产业领域，也涵盖人们的日常生活，让"有机器人的日常"成为日本各地的常态。这不仅意味着日本将在全球竞争中占据围绕实际社会数据的平台地位，也代表日本想要引领机器人技术的未来发展。日本为了强化竞争力，在推进尖端技术的开拓、创造机器人无障碍社会的同时，还需要构筑能熟练使用机器人并能巧妙地运用通过机器人得到的数据的平台。为了开拓并充分发挥日本机器人在全球市场的优势，其必须与世界各国合作与协调，共同构建国际标准和各种规则。

自《机器人新战略》公布后，2016年，日本机器人研发预算为2.6亿美元，比2015年增长83%；2019年机器人技术研发预算增加到3.3亿美元，确保日本在机器人领域全球领先。2022年，日本政府计划提供9.3亿美元的资金，用于重点支持制造业（7780万美元）、照护与医疗（5500万美元）、基础设施（6.432亿美元）和农业（6620万美元）领域的机器人发展。在制造业和服务业重点突破自动化驾驶、无人机、人工智能和机器人的核心集成技术等。2020年至2025年的《登月研发计划》中，机器人相关的项目获得了日本政府4.4亿美元的支持。根据国际机器人联合会（IFR）统计，日本成为世界最大的工业机器人生产商，2021年提供了全球总供给的45%。随着日本老龄化现象愈发严重，日本比其他国家对机器人的需求更旺盛，并且公众接受程度也比较高。

日本防卫装备厅公布了《未来无人装备的研发前景》，并着重提出应重点发展海、陆、空各个空间的自动控制技术，开发更加新式的无人机。2016年，日本防卫装备厅公布了《未来无人装备的研发前景》政策，将重点研究三方面的技术来实现无人机的"战斗化"：一是自动控制技术，无人机能够在复杂环境中自主调整飞行路径；二是集群控制技术，无人机群可以更好地进行相互识别和协同行动；三是集团协调和任务支援技术，无人机可以快速实现"云射击"、敌机识别、任务分配等。目前，日本陆上自卫队主要使用"携带式无人机"，而航空自卫队主要依赖"近程视距内无人机""远程超视距无人机"等主力机型[①]。随着人工智能技术在军事装备领域的应用逐渐成

---

① 姚锦祥，宋伟. 人工智能技术军事应用，日本在做什么[J]. 世界知识, 2019(12): 30-31.

熟，日本希望其无人装备的智能化水平在 2034 年能处于国际领先地位。日本未来将在无人机自动生成飞行轨迹、机型自动躲避、空中加油、自动判断和应对敌机情况、推定敌机位置、任务重新分配等方面实现更大的突破。

2017 年，日本政府在临时内阁会议上通过了经济财政运营基本方针和名为《未来投资战略》的经济增长新战略，明确指出了未来的目标是将人工智能（AI）、机器人等先进技术最大化并运用到智能型"社会 5.0"中，确定以人才投资为支柱，重点推动物联网建设和人工智能的应用。《未来投资战略》提出，要把物联网、人工智能等第四次工业革命的技术革新应用到所有产业和社会生活中，以解决当前的社会问题，将政策资源集中投向健康、移动、供应链、基础设施和先进的金融服务这 5 个领域。具体目标是，2020 年正式将小型无人机用于城市物流；2022 年卡车在高速公路编队自动行驶进入商业使用阶段。

日本高度重视人工智能的发展，希望通过大力发展人工智能扩大其在汽车、机器人、医疗等领域的技术优势。 2017 年，日本政府将人工智能（AI）、机器人、物联网（IoT）作为第四次产业革命的核心，在国家层面建立了相对完整的研发促进机制，并将 2017 年确定为人工智能元年。同时日本政府制定了推动人工智能产业化的路线图，该路线图分三个阶段实施，其中包括在 2020 年前后确立无人工厂和无人农场技术；在 2020—2030 年间达到人员运输与货物配送的完全自动化并推进无人驾驶；2030 年后使护理机器人成为机器人家族的一员，通过人工智能分析潜在意识，实现物流和服务的完全无人化等。日本政府在 2019 年发表了《人工智能战略》，并对人工智能技术的发展与应用做了总体布局。推动研发与人类对话的人工智能，以及在零售、服务、教育和医疗等行业加快人工智能的应用，以节省劳动力并提高劳动生产率。希望通过大力发展人工智能，保持并扩大其在汽车、机器人等领域的技术优势，逐步解决人口老化、劳动力短缺、医疗及养老资源不足等社会问题，扎实推进智能型"社会 5.0"建设。

三、德国：构建以机器人为核心的数字智能时代

20 世纪 80 年代，德国对引进的工业机器人技术消化吸收再创新，通过下游应用驱动机器人产业构建良性循环生态。 德国的机器人技术来源于美国的 Unimate 机器人。1971 年，德国首次引进美国 Unimation 公司的五轴工业机器人，用于戴姆勒一奔驰汽车侧板加工的机器人自动焊接生产线。1973 年，鉴于汽车工业对高可靠性能机器人的需求，深耕焊接设备的德国库卡公司将其使用的 Unimate 机器人研发改造成世界上第一台机电驱动的 6 轴机器人 Famulus。目前，德国库卡股份公司已成长为世界工业机器人四大制造商之一，赛威减速器等机器人核心零部件企业成为世界知名的减速器品牌商。

德国根据机器人应用场景优势，通过产业政策精准打开机器人下游应用市场。 20 世纪 70 年代中后期，当时的联邦德国政府推行了"改善劳动条件计划"，强制规定部分有危险、有毒、有害的工作岗位必须用机器人来代替人工，为机器人打开了应用市场。20 世纪 80 年代，德国开始在汽车、电子等行业大量使用机器人，以降低生产成本，提高产品的制造精度和品质。2013 年，德国为实现传统产业转型升级，推行了以"智能工厂"为重心的"工业 4.0"战略，引领工业机器人向智能化、轻量化、灵活化和高能效化方向发展，构建智能工厂，打造智能生产线。而这种智能的物理实体就是机器人，通过智能机器人、机器设备，以及机器人与人之间的相互合作，提高生产过程的智能化。

德国发布《高科技战略（HTS）》，提出通过提高研发投入加快智能化数字化技术发展，促进产学研在机器人研发项目的联合创新。 2006 年，德国制定了第一版《高科技战略（HTS）》，重点革新科研政策，涵盖健康、通信及交通、前沿科技三大领域，并首次提出产业集群战略，促进了公司、大学和研究机构之间在机器人研发项目的联合创新。2018 年，德国发布了《2025 高科技战略（HTS）》，主要布局智能诊治、人工智能应用、电池制造等关键

技术，大力发展数字化卫生系统，利用数字化技术进行智能诊治，扩大人工智能在各行业的应用，使德国在人工智能领域达到世界领先水平。德国计划到 2025 年研发投入占国内生产总值比重达到 3.5%，加快智能化数字化技术发展。在高科技战略的引导下，2020 年德国启动了"共同创新"机器人项目，联邦教育和研究部（BMBF）将每年提供约 6910 万美元的资助，直至 2026 年，以促进德国机器人产业快速发展。

德国推出工业 4.0 计划与工业战略 2030，加速机器人相关技术的快速发展。 2013 年，德国提出工业 4.0 计划，启动了一系列与机器人研发相关的以技术为中心的研究项目，旨在实现机器人高度互联，并借助物联网技术灵活地与其他设备交流，提升机器人的移动能力、与人协作能力。通过智能人机交互传感器，人类可借助物联网对下一代工业机器人进行远程管理，同时工业 4.0 中的智能工厂和智能生产环节都需要借助智能机器人。基于工业 4.0 计划，从 2013 年到 2017 年，德国提供了约 4340 万美元的资金用于研发突破机器人人机交互、自主认知功能等核心技术，德国工业实力与机器人产业得到进一步加强。2019 年，德国发布《国家工业战略 2030》，通过制订新的产业政策，打造一批制造业、互联网等领域的龙头企业，突破创新发展数字化、人工智能、自动驾驶等关键技术，加大力度保护德国和欧盟关键产业。该战略是工业 4.0 计划的进一步深化和具体化，意在推动德国在数字化、智能化时代实现工业全方位升级。

德国联邦政府公布了《德国联邦政府人工智能战略报告》，提出重视人工智能在机器人技术、智能多模式人机交互等工业领域的发展及应用。 为了将"人工智能德国造"打造为同"德国制造"一样享誉全球的金字招牌，德国联邦政府根据其现实国情，制定了一整套政策框架，将发展人工智能上升为国家战略。2018 年，德国联邦政府公布了《德国联邦政府人工智能战略报告》，其中明确了德联邦政府发展人工智能的三大核心目标和五大战略主题，以推动德国在人工智能领域的研发、技术应用及产业政策。三大核心目标分别是：通过人工智能战略确保德国和欧洲在人工智能研发与应用方面处于国际领先地位，确保人工智能技术的发展与应用旨在造福社会，以及在伦理、法律、文化和制度等多个方面加强社会对话与政治引导。五大战略主题聚焦机器人技术、智能多模式人机交互、推理系统机器证明、基于知识的专家系统、模式分析和模式识别，以研发数学和计算机科学领域中具体应用问题的智能系统。为了达成以上战略目标，联邦政府还将加大用于人工智能技术的研发投入，在 2019 提供约 5 亿欧元的资金，在 2018—2025 年期间计划累计投入约 30 亿欧元。

四、韩国：实现引领全球机器人市场的机器人经济

汽车、电子等产业的高速发展需求，促使韩国政府开展规模化及系统化的机器人应用研发支持，拉动韩国机器人产业兴起。1978 年，韩国首次在现代汽车的蔚山工厂引入丰田的焊接机器人。起初，韩国机器人的研发主要由产业界进行。1984 年，韩国大宇重工仁川研发中心研制多关节弧焊机器人 NOVA-10。20 世纪 80 年代后期，LG 等公司开始研发生产机器人。20 世纪 90 年代，随着汽车和半导体行业的发展，对自动化的需求增加，政府和私营部门开始投资研发工业机器人。LG、大宇等公司，以及韩国工业技术研究院和韩国科学技术研究院等政府资助的研究机构积极开展机器人研究。现代、韩华、斗山等公司均陆续成立了机器人事业部，形成了推动韩国工业机器人产业发展的重要力量，逐步成长为韩国领先、积极开展全球布局的机器人企业。先进的机器人技术和丰富应用技术助推韩国成为领先全球的自动化市场。

韩国政府对机器人产业日益重视，持续发布智能机器人发展计划，将机器人作为推动第四次工业革命的核心产业。2002 年起，韩国产业资源部、信息通信部、科学技术部等政府部门开始了对智能机器人的研发和支持。2003 年韩国政府确定的"十大增长产业"中包括了智能机器人。2008 年 3 月，发布了《智能机器人开发及普及促进法》，对机器人认证、质量、补贴、

投资、土地、人才等方面进行了规范，支持机器人产业发展。为及时跟踪世界机器人发展趋势和需要解决的法律问题，该法自颁布至今已进行19次修订。自2009年起，每5年制定一期《智能机器人基本计划》，系统推动机器人产业发展，截至目前，该计划已制定4期。2009年4月，《第一次智能机器人基本计划（2009—2013）》发布，提出2013年成为机器人三大强国之一，2018年成为机器人领先国家。计划的核心是在市场形成时选择三组产品，分别制订推广政策。针对工业机器人，加快市场拓展；针对教育机器人、清洁机器人、监视和侦察机器人，创造新的市场；针对医疗机器人、交通/运输机器人、家务机器人、可穿戴设备、水下/太空机器人、仿生机器人等，形成技术领先。实施路径上，提出提高研发能力以确保全球来源的技术能力、抢占世界市场的先发制人需求扩散、构建机器人产业腾飞的可持续增长基础、通过产学研关系构建合作体系等。当时韩国政府计划在2013年以前投入1万亿韩元，作为机器人相关技术研发与产业扶植的经费，计划在2013年之前将韩国机器人产业市场扩大至4万亿韩元规模，在2018年使韩国成为全球机器人主导国家。2014年7月，《第二次智能机器人基本计划（2014—2018）》发布，提出到2018年国内机器人产值达7万亿韩元、机器人出口额达2.5万亿韩元、机器人企业数量达600家的目标，并从提高机器人研发综合能力、扩大机器人需求、营造开放式机器人产业生态系统、构建机器人融合网络等方面做出详细推进部署，对外加强国际合作，对内强化部门和地区间的协同。2019年8月，《第三次智能机器人基本计划（2019—2023）》发布，提出到2023年成为机器人产业全球四大强国之一，涌现20家明星机器人企业，累计供应70万台工业机器人、开发108个工序的机器人使用标准模型。在实施路径上，提出扩大普及以根产业（指支撑韩国制造业竞争力的"根产业"，包括化学制品、橡胶和塑料、金属加工产品等）、纤维产业、食品饮料产业三大制造业为中心的制造机器人，集中培育护理、可穿戴、医疗、物流四大服务机器人领域，增强机器人产业生态系统基础等。2019年，韩国发布了机器人制造业发展蓝图。根据蓝图，韩国将同时发展工业和服务业机器人，利用机器人振兴传统产业，并寻求掌握机器人领域硬件和软件的核心技术。预计到 2025 年，韩国机器人市场规模将从 2018 年的 5.8 万亿韩元增加到 20 万亿韩元，销售额超过 1000 亿韩元的机器人企业将达到 20 家。2022 年，韩国产业通商资源部审议通过了《2022 年智能机器人实行计划》，韩国政府拟持续对工业和服务机器人进行投资和支持，并放宽限制打造促进机器人产业发展的环境。根据该计划，2022 年韩国政府将投入 2440 亿韩元开展工业及服务机器人研发和普及，较上年增长 10%。2024 年 1 月，韩国发布《实现 K—机器人经济 第四次智能机器人基本计划（2024—2028）》，机器人是应对产业革新和劳动力市场变化的未来产业，提出到 2030 年，K—机器人经济增长 4 倍（从 5.6 万亿韩元增长至 20 万亿韩元），并提出要强化技术、人力、企业三大核心竞争力，扩大 K—机器人市场，从制度、安全、商业化、文化等营造机器人亲和基础设施。提出到 2030 年，政府和社会联合投资 3 万亿韩元用于支持机器人产业发展，在各行业中推广应用百万台机器人。到 2030 年，培养 15000 名 AI、软件等核心人才，培育 150 家机器人专业企业，机器人自主化率由 44%提升至 80%，销售额超过 1000 亿韩元的企业达到 30 家。

2019 年，韩国科学技术信息通信部发布了由相关部门共同制定的《人工智能国家战略》，提出了"从 IT 强国向 AI 强国发展"的愿景。主要包含了构建引领世界的人工智能生态系统、成为人工智能应用领先国家、实现以人为中心的人工智能技术三大领域。支持机器人、数控机床、汽车等所有领域的数据生产、流通、利用，到 2021 年连接公共与民间数据地图；支持民间的人工智能开发，支持人工智能中心的计算资源；建设地区产业与人工智能融合基地，2020—2024 年建成光州人工智能集成园区；考虑各个主要产业基地的特征，2020 年制定全国《人工智能基地战略》。韩国致力于通过此次战略提高其在人工智能领域的竞争力，计划到 2030 年实现数据竞争力世界第三（现世界第十）、通过人工智能创出经济效益最大达 455 兆韩元（约合 2.7 万亿元人民币）、国民生活水平达到世界前十（现世界排名第三十）的战略目标。

2022 年，韩国贸易、工业和能源部（MOTIE）发布了《专用载人或无人机全尺寸试验平台项目（2022—2024 年）》，加快无人配送系统的创新发展。该项目旨在建立特种载人或无人机产业生态系统，支持专用载人或无人飞行器的全规模野外试验和现有基础设施的利用。韩国政府为该工作计划提供了总计 741 万美元的资金支持。2023 年 5 月，韩国国土交通部表示，韩国政府计划于 2026 年实现机器人配送、2027 年实现无人机配送商业化。韩国政府计划批准城市中心区域的订单配送设备选址，并推进物流仓库数字化转型，以 AI 和大数据为基础构建时效为 30 分钟至 1 小时的全国闪送系统。另外，韩国政府还计划推动无人驾驶货车商业化。当年（指 2023 年）将指定货车无人驾驶示范运行区域，制定安全标准。到 2027 年为止，利用现有城铁设施建立地下物流运输系统，并推动物流专用地下通道的技术开发。

五、中国：成为全球机器人技术创新策源地、高端制造集聚地和集成应用新高地

20 世纪 70 年代至 21 世纪初，我国开展了机器人领域的研究和探索，从自主探索开始，通过引进、吸收先进技术加快机器人产业化。1980 年，我国第一台工业机器人样机在沈阳自动化研究所诞生。1985 年 12 月，由蒋新松任总设计师的我国第一台水下机器人样机首航成功，1986 年深潜成功。1990 年，广州机械科学研究院推出我国第一台全部国产化的大型机器人。在国家 863 计划的支持下，工业机器人的应用研究开始加速。20 世纪 90 年代，沈阳自动化研究所自主研制成功了国产自动导引车，第一次无故障运转在国内汽车生产线上，并在 1994 年和韩国公司签订协议，首次实现了技术出口。1994 年，我国工业机器人开始向工程产业化发展，沈阳自动化研究所投入 1500 余万元买进了 19 台日本机器人本体，加装自主研制的控制器，采取"两头在内、中间在外"的路线，带动机器人工程化应用。2000 年 4 月，沈阳自动化研究所成立新松机器人公司，标志着我国工业机器人走上了

产业化发展道路。

"十五"和"十一五"期间，我国加强机器人应用技术研发，加速机器人技术产业化，以机器人技术推广应用推动机器人产业发展。"十五"和"十一五"期间，我国持续加强机器人产业从技术到应用的转化。"十五"期间，我国的机器人技术发展方向从机器人技术研发向机器人技术与自动化装备扩展，《国民经济和社会发展第十个五年计划 科技教育发展重点专项规划》提出，攻克面向先进制造的基于机器人的制造单元及系统、特种机器人，以及微机电系统等关键技术。"十一五"期间，我国进一步强化机器人技术的产业化发展。《国家"十一五"科学技术发展规划》提出，瞄准先进制造技术发展的前沿，从提高设计、制造和集成能力入手，研究先进制造的关键技术、单元产品与集成系统，《高技术产业化"十一五"规划》提出，推进先进制造系统的设计技术、数字化装备和先进机器人技术、新型综合自动化系统与装备、微纳机电系统关键技术、高精密加工与制造技术的产业化。哈尔滨工业大学和奇瑞汽车共同启动机器人产业化项目，2009年，第一台奇瑞机器人研制成功，并投入到奇瑞第三焊接车间进行点焊应用。2009年，新松成功在深交所创业板上市，成为我国机器人行业第一家上市企业。

党的十八大以来，我国加强机器人关键技术自主研发，以应用为牵引带动机器人产业蓬勃发展，创新型企业不断涌现。2013年，工业和信息化部发布了《工业和信息化部关于推进工业机器人产业发展的指导意见》。意见指出，当时发展的主要目标是攻克伺服电机、精密减速器、伺服驱动器、末端执行器、传感器等关键零部件技术，围绕汽车、船舶、电子、民爆、国防军工等重点行业领域应用需求部署机器人产品。到2020年，建立完整的机器人产业体系，培育3~5家具有国际竞争力的龙头企业和8~10个配套产业集群，高端产品市场占有率提高到45%以上，每万名员工使用机器人台数达到100以上，基本满足国防建设、国民经济和社会发展需要。

2016年，工业和信息化部、国家发展改革委、财政部三部委联合印发了《机器人产业发展规划（2016—2020年）》。该发展规划提出到2020年形成较为完善的机器人产业体系，自主品牌工业机器人年产量达到 10 万台，六轴及以上工业机器人年产量达到 5 万台以上；服务机器人年销售收入超过 300 亿元；培育 3 家以上具有国际竞争力的龙头企业，打造 5 个以上机器人配套产业集群。推进重大标志性产品率先突破。在工业机器人领域，聚焦智能生产、智能物流，攻克工业机器人关键技术，提升可操作性和可维护性，重点发展弧焊机器人、真空（洁净）机器人、全自主编程智能工业机器人、人机协作机器人、双臂机器人、重载 AGV 等 6 种标志性工业机器人产品，引导我国工业机器人向中高端发展。在服务机器人领域，重点发展消防救援机器人、手术机器人、智能型公共服务机器人、智能护理机器人等 4 种标志性产品，推进专业服务机器人实现系列化，个人/家庭服务机器人实现商品化。

2021 年 12 月，工业和信息化部等十五部门联合印发《"十四五"机器人产业发展规划》。该发展规划提出到 2025 年，我国成为全球机器人技术创新策源地、高端制造集聚地和集成应用新高地。一批机器人核心技术和高端产品取得突破，整机综合指标达到国际先进水平，关键零部件性能和可靠性达到国际同类产品水平；机器人产业营业收入年均增速超过 20%；形成一批具有国际竞争力的领军企业及一大批创新能力强、成长性好的专精特新"小巨人"企业，建成 3~5 个有国际影响力的产业集群；制造业机器人密度实现翻番。到 2035 年，我国机器人产业综合实力达到国际领先水平，机器人成为经济发展、人民生活、社会治理的重要组成。重点突破机器人系统开发、操作系统等共性技术，研发仿生感知与认知、生机电融合等前沿技术，推进人工智能、5G、大数据、云计算等新技术与机器人技术的融合应用。补齐专用材料、核心元器件、加工工艺等短板，开发机器人控制软件、核心算法等。面向制造业、采矿业、建筑业、农业等行业开展机器人应用，以及满足家庭服务、公共服务、医疗健康、养老助残、特殊环境作业等多个重点行业领域需求，推进工业机器人、服务机器人、特种机器人、高端机器人产品研制。

2023年1月，工业和信息化部等十七部门联合印发《"机器人+"应用行动实施方案》，提出聚焦十大重点领域，开展机器人产品研制、技术创新、场景应用、模式推广等，拓展机器人应用空间。提出在制造业、农业、医疗健康、养老服务等十大领域加快推广应用各类机器人产品。提出到2025年，制造业机器人密度较2020年实现翻番，突破100种以上机器人创新应用技术及解决方案，推广200个以上具有较高技术水平、创新应用模式和显著应用成效的机器人典型应用场景，打造一批"机器人+"应用标杆企业，建设一批应用体验中心和试验验证中心。明确提出构建机器人产用协同创新体系、建设"机器人+"应用体验和试验验证中心、加快机器人应用标准研制与推广、开展行业和区域"机器人+"应用创新实践、搭建"机器人+"应用供需对接平台等。

2023年10月，工业和信息化部印发了《人形机器人创新发展指导意见》。提出到2025年，初步建立人形机器人创新体系，"大脑、小脑、肢体"等一批关键技术取得突破，确保核心组件安全有效供给。整机产品达到国际先进水平，并实现批量生产，在特种、制造、民生服务等场景得到示范应用，探索形成有效的治理机制和手段。培育2~3家有全球影响力的生态型企业和一批专精特新中小企业，打造2~3个产业发展集聚区，孕育开拓一批新业务、新模式、新业态。到2027年，人形机器人技术创新能力显著提升，形成安全可靠的产业链供应链体系，构建具有国际竞争力的产业生态，综合实力达到世界先进水平。产业加速实现规模化发展，应用场景更加丰富，相关产品深度融入实体经济，成为重要的经济增长新引擎。

2017年，国务院发布《新一代人工智能发展规划》。提出到2025年，人工智能基础理论实现重大突破，部分技术与应用达到世界领先水平。新一代人工智能在智能制造、智能医疗、智慧城市、智能农业、国防建设等领域得到广泛应用。到2030年，人工智能理论、技术与应用总体达到世界领先水平，成为世界主要人工智能创新中心。在类脑智能、自主智能、混合智能和群体智能等领域取得重大突破。突破自主无人系统的智能技术。研究无人机自主控制和汽车、船舶、轨道交通自动驾驶等智能技术，服务机器人、空间机器人、海洋机器人、极地机器人技术，无人车间/智能工厂智能技术，高端智能控制技术和自主无人操作系统。研究复杂环境下基于计算机视觉的定位、导航、识别等机器人及机械手臂自主控制技术。

2017 年，工业和信息化部发布《促进新一代人工智能产业发展三年行动计划（2018—2020 年）》。提出重点培育和发展智能网联汽车、智能服务机器人、智能无人机、医疗影像辅助诊断系统、视频图像身份识别系统、智能语音交互系统、智能翻译系统、智能家居产品等智能化产品，推动智能产品在经济社会的集成应用。在智能服务机器人领域，支持智能交互、智能操作、多机协作等关键技术研发，提升清洁、老年陪护、康复、助残、儿童教育等家庭服务机器人的智能化水平，推动巡检、导览等公共服务机器人以及消防救援机器人等的创新应用。发展三维成像定位、智能精准安全操控、人机协作接口等关键技术，支持手术机器人操作系统研发，推动手术机器人在临床医疗中的应用。在智能无人机领域，支持智能避障、自动巡航、面向复杂环境的自主飞行、群体作业等关键技术研究与应用，推动新一代通信及定位导航技术在无人机数据传输、链路控制、监控管理等方面的应用，开展智能飞控系统、高集成度专用芯片等关键部件研制。

2022 年，科学技术部等六部门联合印发了《关于加快场景创新以人工智能高水平应用促进经济高质量发展的指导意见》。围绕高端高效智能经济培育打造重大场景，提出在制造领域优先探索工业大脑、机器人协助制造等智能场景。在农业领域优先探索农机卫星导航自动驾驶作业、智能农场、无人机植保等智能场景。在物流领域优先探索机器人分流分拣、物料搬运、智能立体仓储及追溯终端等智能场景。围绕安全便捷智能社会建设打造重大场景，提出生态环保领域重点探索环境智能监测、无人机器自主巡检等场景。在智慧社区领域探索未来社区、无人配送、社区电商、数字餐厅等场景。在医疗领域积极探索临床诊疗辅助决策支持、医用机器人等场景。在养老领域积极探索居家智能监测、智能可穿戴设备应用等场景。

对比美国、日本、德国、韩国的主要发展战略，结合我国机器人产业发展实际，建议我国借鉴美国经验，强化创新驱动，通过加强科技成果转化、支持机器人企业发展，将机器人产业技术积累转变为产业发展优势，发挥创新对产业发展的引领支撑作用。借鉴日本发展经验，夯实机器人产业发展基础，依托深厚的技术积累，将工业基础转化为机器人产业发展的关键核心技术支撑，打造一批世界领先的龙头企业和具有全球竞争力的产业链配套企业。借鉴德国的产业发展路径，以机器人推广应用为牵引，从产业链下游向上游逆向拓展，以应用推广带动机器人整机及核心部件产业发展，构建以机器人为核心的数字化、智能化万物互联时代。借鉴韩国在政策支持下加速技术创新及应用推广经验，加强机器人产业政策支持，通过财税支持、资金投入等方式，加强产学研用协同创新体系，推动共性、基础性和前沿引领性关键核心技术攻关，打造开放合作的国际化机器人产业发展生态。

CHAPTER 4 | 第四章
机器人强国战略目标

通过梳理主要国家机器人产业的发展战略、历史经验，分析当前全球机器人产业的现状，发现机器人产业排名靠前的国家，在产业规模、技术创新、市场需求、企业实力、人才资源、产业规则等方面具备突出的竞争优势。从各国的比较看，多个维度综合实力排名前列的国家属于全球机器人产业的第一梯队。因此，我国机器人产业强国目标，是要在规模发展、创新驱动、市场需求、市场主体、人才资源、产业规则等多个维度综合实力处于全球排名前列地位，进入全球机器人产业第一梯队。

一、机器人强国评价指标体系构建

按照机器人强国的要求，选取多维度的指标，分析在不同的指标指征中需要具备的竞争优势。通过各国对标分析的方式，全面分析我国现阶段机器人产业的优劣势，找到未来实现机器人强国目标的发力点。

（1）规模发展：拥有雄厚的产业规模，体现为产业链较强的控制力，反映了本国机器人产业的基础实力，表现为机器人产量规模较大，出口数量多，装机量大，在全球机器人产量、出口额及装机量中占有相当比重，具有较强的产业规模实力。

（2）创新驱动：拥有一批核心关键技术，体现为技术创新力，反映了本国机器人产业技术创新的引领和带动作用，表现为研发投入高、创新成果数量多，居于世界前列。

（3）市场需求：拥有巨大的市场应用空间，体现为市场需求对产业的驱动力，反映了本国机器人产业具备良好的发展前景，制造业增加值、老龄人口总量及占比，代表了制造业和服务业领域机器人需求的重要指标。

（4）市场主体：拥有较多具有全球影响力的企业，体现为企业国际竞争力，反映了本国机器人产业处于产业链的中高端环节，表现为企业营业收入、利润在国际同类企业中排名前列，在核心零部件、整机产品等细分领域占有一定的市场份额，成为全球价值链不可或缺的一环。

（5）人才资源：拥有足够多的高素质人才，体现为人才资源实力，反映了高层次人才对本国机器人产业的支撑能力，表现为劳动力人口总量多、高素质人才占比高，高素质的人才资源供给成为机器人产业创新动力的重要支撑。

（6）产业规则：拥有较强的行业国际话语权，体现为制定产业规则的影响力，反映了本国机器人产业在国际市场的行业地位，主导的国际标准数量、制定机器人相关的法律法规数量，是产业规则的重要体现。

指标选取上，综合考虑了评价的定量与定性相结合，以及可比性、可得性等原则，形成了机器人强国评价的各级指标体系，具体见表4-1和表4-2。

表 4-1　机器人强国评价指标体系

指标体系	一级指标	二级指标
规模发展	产业规模实力	工业机器人产量
		工业机器人出口额
		工业机器人装机量
创新驱动	技术创新力	机器人专利授权总量
		机器人企业研发投入
市场需求	市场需求驱动力	制造业增加值
		老龄人口总量及占比
市场主体	企业竞争力	机器人企业营业收入
		机器人企业利润总额
		机器人企业产品市场占有率
人才资源	人才资源实力	劳动力人口总量及占比
		至少学士或同等学历以上，25岁以上人口（高素质人才）总量及占比
产业规则	产业规则影响力	国际标准数量
		制定机器人相关法律法规情况

表 4-2　机器人强国评价指标体系说明

一级指标	二级指标	评价指标说明
产业规模实力	工业机器人产量	美、日、德、韩暂未统计服务机器人产量数据，故选取本国工业机器人 2022 年产量（单位：万套）
	工业机器人出口额	美、日、德、韩暂未统计服务机器人出口额数据，故选取本国工业机器人 2022 年出口额（单位：亿美元）
	工业机器人装机量	美、日、德、韩暂未统计服务机器人装机量数据，故选取本国工业机器人 2022 年装机量（单位：万套）
技术创新力	机器人专利授权总量	由于专利保护期通常为 20 年或 10 年，本书收集的专利授权时间区间为 2004—2023 年，根据智慧芽数据库，按简单同族国家/地区统计本国工业、服务、特种机器人领域近 20 年专利授权数量（单位：项）
	机器人企业研发投入	因各国未统计全口径机器人企业研发投入，故选取本国具有代表性的主要上市公司 2022 年研发投入（单位：亿美元/亿欧元/亿日元/亿元）
市场需求驱动力	制造业增加值	选取本国 2021 年制造业增加值（单位：万亿美元）
	老龄人口总量及占比	选取本国 2022 年 65 岁以上老龄人口总量及占比（单位：亿人，%）
企业竞争力	机器人企业营业收入	因各国未统计全口径机器人企业营业收入，故选取本国具有代表性的相关上市公司 2022 年营业收入（单位：亿美元/亿欧元/亿日元/亿韩元/亿元）
	机器人企业利润总额	因各国未统计全口径机器人企业利润总额，选取本国具有代表性的相关上市公司 2022 年利润总额（单位：亿元/亿美元）
	机器人企业产品市场占有率	因各国未统计全口径机器人企业产品市场占有率，故选取本国具有代表性的机器人企业细分产品市场占有率（单位：%）
人才资源实力	劳动力人口总量及占比	选取本国 2022 年 15~64 岁劳动力人口总量及占比（单位：亿人，%）
	至少学士或同等学历以上，25 岁以上人口（高素质人才）总量及占比	选取本国至少学士或同等学历以上，25 岁以上人口总量及占比（单位：万人，%）
产业规则影响力	国际标准数量	选取本国主导的 ISO/TC 299 国际标准累计数量（单位：项）
	制定机器人相关法律法规情况	梳理本国制定的机器人相关法律法规情况

二、我国成为机器人强国的基础与实力

总体来看,我国机器人产业在产业规模实力、市场需求驱动力等方面全球领先,目前在技术创新力、企业竞争力、人才资源实力、产业规则影响力等方面还有短板,表现为核心技术积累、研发投入总量、自主品牌市场份额、企业营业收入和利润、高素质人才占比、主导机器人国际标准、机器人相关法律规范制定等还有一定差距,未来在市场需求增速、企业研发投入增速、高素质人才占比等方面增长潜力较大,具备迈向机器人强国的坚实基础和实力。

从产业规模实力来看,我国机器人产量和消费量居全球首位,出口量呈现快速增长态势。我国机器人产业已基本形成了从零部件到整机再到集成应用的全产业链体系。根据国家统计局数据,2022年,我国工业机器人产量为44.3万套,远高于日本,是全球第一大机器人产量国。根据联合国国际贸易中心数据,2022年,我国工业机器人出口额为6.39亿美元,高于美国、韩国,远低于日本,但近年来我国工业机器人出口额呈现快速增长态势。根据国际机器人联合会(IFR)数据,2022年,我国工业机器人装机量高达29.03万套,占全球装机量的比重超过50%,我国已经连续10年成为全球最大的工业机器人消费市场。

专栏4-1　美、日、德、韩机器人产业规模实力

美国工业机器人消费量全球第三,服务机器人厂商数量居全球首位。 工业机器人领域,根据联合国国际贸易中心数据,2022年,美国工业机器人出口额为4.84亿美元,排名在日本、德国、中国之后。根据国际机器人联合会(IFR)报告数据,2019年起,美国超越韩国,成为全球工业机器人第三大消费市场,2022年,美国工业机器人装机量为3.96万套,同比增长10%。其中,汽车为美国工业机器人的主要应用行业,2022年

装机量达 1.45 万套，同比增长 47%。近年来，美国机器人进入塑料、半导体、电子、金属，甚至食品和其他领域，装机量稳步发展。服务机器人领域，美国服务机器人领域具备全球领先优势，拥有 218 家服务机器人制造商，是全球服务机器人厂商最多的国家。

日本是世界第一的工业机器人制造商，出口量全球排名首位。从产量来看，日本机器人协会数据显示，2022 年，日本工业机器人产量为 28.3 万套，其中，日本国内消费为 5.2 万套，出口为 23.1 万套。国际机器人联合会（IFR）数据显示，日本是世界主要的工业机器人制造商，占全球供应量的 46%。根据联合国国际贸易中心数据，2022 年，日本工业机器人出口额为 26.39 亿美元，排名全球首位，远远高于其他国家出口额。过去 5 年，日本工业机器人出口的年均复合增长率为 6%，与此同时，机器人的进口量一直极低。根据日本机器人协会数据，2023 年，第一季度和第二季度出口量分别为 4.7 万套和 4.5 万套，分别同比下滑 10.4%和 17.8%，已连续 3 个季度下降。2023 第二季度出口金额为 11.1 亿美元，同比减少 10%，11 个季度以来首次下降。随着部分行业应用的需求迅速下降以及全球经济增长的不确定性，未来日本机器人的出口量会受到一定影响。

德国机器人出口量较大，是全球第五大机器人消费市场，也是欧洲最大的机器人消费市场。根据联合国国际贸易中心数据，2022 年，德国工业机器人出口额为 7.64 亿美元，排在全球第 2 位。根据国际机器人联合会（IFR）数据，2022 年，德国工业机器人新增装机量为 2.56 万套，较 2013 年增加 10%。2017—2022 年，德国工业机器人新增装机量稳步增长，年均增长率约为 4%，汽车产业成为工业机器人发展的主要推动力。德国拥有较高的机器人自动化应用水平。2022 年，德国制造业机器人密度为 415 台/万人，居全球第四位，欧洲国家首位。

韩国是全球第四大机器人消费市场，规模增速相对较慢。根据联合国国际贸易中心数据，2022 年，韩国工业机器人出口额为 2.08 亿美元。国际机器人联合会（IFR）2023 年世界机器人报告显示，2022 年，韩国机器人装机量达到 3.17 万套，同比增长 1%，是全球第四大机器人消费市场。根据国际机器人联合会（IFR）数据，韩国工业机器人运行量从 2000 年的 3.8 万套增加到 2021 年的 36 万套，增长近 9.5 倍。但韩国的机器人产业规模竞争力与美国、日本、中国等国相比仍有差距。韩国经济人联合会发布的《分析全球机器人产业现状和韩国位置》报告显示，2020 年，在全球机器人市场，韩国机器人市场规模仅为 30 亿美元，占全球的 12% 左右。2022 年，全球机器人装机量每年增长 7%，韩国市场发展速度相对缓慢，年增长率仅为 1%。

从技术创新力看，我国机器人应用领域专利授权总量位居全球首位，但关键技术和核心零部件专利布局较薄弱，企业研发投入增速增长较快，但投入总量与国际领先企业相比差距较大。根据智慧芽数据库数据，我国机器人发明专利授权总量已超过 13 万项。从专利申请数量情况看，虽然我国专利申请总数领冠全球，但国内企业专利布局质量与日本、欧美企业有差距，关键技术领域的专利布局强度不足，核心零部件专利拥有量薄弱。我国在减速器、伺服系统、控制器等机器人产业链关键环节仍存较大差距，高端产品大部分市场份额依然被外资品牌占据。从专利申请人来看，高校、科研机构占专利申请的比重较高，企业申请集中度不高，产业化能力不足。从专利布局看，我国国际专利申请布局不足。据美国专利商标局（USPTO）数据，只有约 5.5% 的中国机器人专利是在国外申请的。与此对比，"四大家族"等国际机器人企业长期以来重视中国市场，并致力于在中国布局专利。我国企业研发投入总量与国外领先企业差距较大。如，2022 年日本发那科公司研发投入 519 亿日元（约 25 亿元），研发投入强度为 6.1%；我国埃斯顿公司研发投入 3 亿元，研发投入强度为 7.9%，总量差距较大。近年来国内企业研发投入增速加快提升，创新能力日益增强。2022 年，汇川技术、新松、埃斯顿研发投入同比增长 32.26%、13.66%、30.03%，研发能力不断增强。

专栏4-2 美、日、德、韩机器人技术创新力

美国引领全球机器人技术创新，机器人企业创新能力突出。根据智慧芽数据库数据，美国机器人领域发明专利授权量为20876项，在5个国家对比中排名第2位。拥有iRobot、霍尼韦尔、波士顿动力等在技术和创新全球领先的机器人企业。如2022年，iRobot研发投入1.67亿美元，研发投入强度达14.1%。美国在科技研发领域一直处于世界领先地位，机器人前沿技术、人工智能技术具备全球领先优势，特别是在人工智能、机器学习、控制和系统集成等领域。美国拥有斯坦福大学机器人研究所、美国康奈尔大学的机器人实验室、麻省理工学院的人工智能实验室等，为美国机器人产业的技术创新提供了强大的支持。研究机构的成果转化成为美国机器人技术的重要来源。如美国波士顿动力、敏捷机器人公司分别为麻省理工学院、俄勒冈州立大学拆分出的机器人公司，直觉外科公司的达芬奇机器人技术来源于斯坦福研究院。

日本机器人技术积累基础好，企业创新力强。根据智慧芽数据库数据，日本发明专利授权总量为12821项，在5个国家中排名第3位，日本技术创新力一直处于全球领先地位，并且在上游核心零部件领域拥有大量的专利布局。企业为技术创新的主体，老牌机器人企业一直保持较高的研发投入总量。如2022年，发那科研发投入519亿日元，研发投入占比为6.1%；安川电机研发投入211亿日元，研发投入占比为3.8%；欧姆龙研发投入272亿日元，研发投入占比为3.1%。作为最早开发人形机器人的国家，早稻田大学于1973年推出了WABOT-1，本田在2000年推出全球首个具备人类双足行走能力的类人型机器人阿西莫（ASIMO），日本有望在服务机器人，特别是人形机器人赛道快速发展，加速融合人工智能、云计算等新一代技术，带动整个行业数字化和智能化升级。

德国机器人技术积累基础较好。根据智慧芽数据库数据，德国机器人发明专利授权总量为9686项，在5个国家中排名第4位。企业创新研发

投入较高，如 2022 年库卡股份公司研发投入 1.712 亿欧元，研发投入强度为 4.4%；博世力士乐研发投入 3.88 亿欧元，研发投入强度为 5.5%。德国机器人技术积累基础较好，依托德国强大的工业基础，机器人整机制造和系统集成技术较为领先，拥有以库卡股份公司为代表的工业机器人国际领先企业。

韩国在基础研究领域积累了一定的实力，持续加大研发和应用投入。根据智慧芽数据库数据，韩国机器人发明专利授权总量为 8823 项，近年来增速不断加快。2002 年起，韩国产业资源部、信息通信部、科学技术部等政府部门开始了对智能机器人的研发支持；2009 年，发布了第一次智能机器人发展计划（2009—2013 年）；2010—2015 年，韩国国家研究基金会支持了机器人相关项目，研发支持多集中于基础研究领域，这期间韩国机器人领域专利、论文数快速增长，在机器人基础研究领域积累了较强的实力，保障了产业高质量的发展。三星、LG、大宇、现代等"大财团"加大对机器人的研发布局，进一步促进了专利成果的数量和创新成果的产业化。近年来，韩国对机器人产业的研发和应用投入在持续增加。2022 年，韩国产业通商资源部审议通过了《2022 年智能机器人实行计划》，2022 年，韩国政府投入 2440 亿韩元（约合 2 亿美元）开展工业及服务机器人研发和普及，较上年增长 10%。

从市场需求驱动力看，我国制造业、服务业领域的市场需求空间巨大，遥遥领先于其他国家，自主品牌机器人应用市场份额急需提高。根据世界银行数据，2021 年，我国制造业增加值为 4.9 万亿美元，是美国的近两倍，未来随着技术的不断发展，各行各业数字化、智能化转型需求强烈，我国工业机器人需求空间潜力巨大。机器人被广泛应用于汽车制造、电子电气、机械加工等行业中。随着我国新能源汽车、锂电池及光伏等新兴行业高速发展，对机器人的需求大幅增长。我国制造业机器人密度超过美国，与日本相当，近年来一直保持年均 30% 以上的高增长。根据世界银行数据，我国 65 岁以上老龄人口总量为 1.9 亿人，占人口总量比重为 13.7%。近年来我国老龄化趋势明显，日本、德国等国家老龄化程度更高，在养老服务机器人领域的布局也更早，我国需利用巨大的市场优势，抢抓养老服务机器人细分领域发展机遇。目前，自主品牌机器人市场份额依然不高，在汽车、电子电气等机器人用量大的领域，外资品牌装机量增速明显高于自主品牌，高端应用场景外资品牌占据统治地位。自主品牌在塑料和化学、食品等行业装机量迅速增长，但和汽车、电子电气领域相比，市场规模较小。随着更多外资品牌加强在中国的本土化研发和生产，竞争日益激烈，自主品牌机器人整机制造和系统集成商利润空间被压缩，开拓高端应用市场任重道远。

专栏 4-3　美、日、德、韩机器人市场需求驱动力

　　美国机器人应用市场空间依然较大。根据世界银行数据，2021 年，美国制造业增加值为 2.5 万亿美元，排名全球第 2 位，目前，美国国内工业机器人生产商较少，工业机器人本体主要从瑞士 ABB、日本发那科等企业进口，本国的系统集成商主要负责设计和外围设备的制造配套，完成交钥匙工程。近年来，美国制造业每万名工人使用的工业机器人数量增速放缓，2022 年为 285 台/万人，居全球第 9 位，落后于韩国、新加坡、日本、德国、中国等国家。根据世界银行数据，美国 65 岁以上老龄人口为 0.57 亿人，总量在 5 个国家中排名第 2 位，老龄人口在总人口中所占比例为 17%。美国制造业领域机器人应用市场空间潜力依然较大。金融危机后，美国政府开始采取一系列举措来重振制造业，促进吸引制造业回流，加速机器人制造业领域应用。奥巴马政府、特朗普政府和拜登政府均采取过不同的措施促进制造业回流，发展工业机器人是美国重振制造业的战略途径之一。美国的"先进制造业伙伴（Advanced Manufacturing Partnership，AMP）"计划以及"国家制造业创新网络"（National Network for Manufacturing Innovation，NNMI）计划、《国家先进制造业战略》（National Strategy for Advanced Manufacturing）都包含了支持发展机器人相关产业的内容。美国还将机器人技术列为继互联网之后可能对人类社会产生深远影响的技术之一，未来十年，自动化、人工智能和机器人技术将在全球范围内带来制造业工作岗位的净增长。

日本机器人市场需求迫切。 日本本土电子、电气机械、金属加工行业对工业机器人需求旺盛，汽车行业对工业机器人需求量下降明显，日本人口老龄化严重，对服务机器人需求迫切。根据世界银行数据，2021 年，日本制造业增加值为 1.03 万亿美元，在 5 个国家中排名第 3 位。日本国内电子、电气机械、金属加工等部分行业需求强劲，带动工业机器人快速增长。根据日本机器人协会数据，2022 年，日本国内电子、机械、金属加工行业机器人出货量分别为 14426、2524、824 套，分别同比增长 22.2%、27.7%、27.4%；汽车行业出货量为 12579 套，同比减少 6.9%。日本人口老龄化比重全球第一，对服务机器人需求旺盛。根据世界银行数据，日本 65 岁以上老龄人口达到 0.37 亿人，在总人口中所占比例达到 29.9%，老龄人口占总人口的比重为全球第一。预计到 2040 年，日本的劳动年龄人口将比 2020 年减少 20%，届时，日本或将面临超过 1100 万的劳动力短缺。交通运输和建筑等劳动密集型行业以及医疗保健行业人才短缺将会变得更加严重，迫切需要使用机器人替代人工。

德国工业 4.0 时代下制造业智能化数字化转型对机器人提出了更高的要求。 根据世界银行数据，2021 年，德国制造业增加值为 0.8 万亿美元，在 5 个国家中排名第 4 位，工业机器人在传统的汽车制造、电子电气、金属加工等领域已有成熟应用，工业 4.0 对未来的工业机器人提出了新的要求，机器人将实现高度互联，并借助物联网技术灵活地与其他设备交流。同时，机器人的移动能力、与人协作能力等均应加强。德国中小企业数量多，目前德国的机器人应用水平还有较大的提升空间，尤其是中小企业协作机器人应用水平有巨大的增长潜力。机构数据显示，2021 年，德国制造业只有 3%～5% 的中小企业安装了协作机器人。此外，根据世界银行数据，德国 65 岁以上老龄人口总量为 0.19 亿人，占比为 22.4%，比重在 5 个国家中排名第 2 位，老龄化压力比较大。在工业 4.0 背景下，除了制造业领域，物流、生活服务、医疗等多个服务领域对机器人的需求空间也较大。

韩国汽车、电子等重点行业机器人应用优势明显，服务机器人和无人机等市场需求逐步上升。根据世界银行数据，2021年，韩国制造业增加值为0.46万亿美元，虽然总量在5个国家中不占优势，但韩国电子、汽车等行业机器人应用的优势明显。根据国际机器人联合会（IFR）数据，2022年，韩国制造业机器人密度达到1012台/万人，汽车行业的机器人密度达到2867台/万人，位居全球第一位。电子电气机器人使用率较高的行业在韩国产业结构中所占比重较大。根据世界银行数据，韩国65岁以上老龄人口总量为0.09亿人，占总人口比重为17.5%，占比高于中国。近年来，韩国持续加大对服务机器人和无人机的支持。随着人口老龄化问题的日益严重，养老护理、医疗、娱乐、陪伴、商业服务等领域机器人应用需求将不断释放。

从企业竞争力看，我国机器人相关企业总体成立时间较晚，受市场拓展、产品质量品牌等因素影响，营业收入和利润总额跟国外企业差距较大，在细分领域自主品牌机器人逐渐获得客户认可。我国以机器人为主营业务的企业营业收入最高超过30亿元，与国外百亿元的企业相比，竞争力还待提升。2022年，我国上市公司机器人营业收入为35.76亿元，利润总额为0.8526亿元；埃斯顿营业收入为38.81亿元，利润总额为2.63亿元。日本发那科营业收入为8520亿日元（约411.9亿元），利润总额为1706亿日元（约82.5亿元）；德国库卡营业收入为38.97亿欧元（约301亿元），利润总额为1.264亿欧元（约9.77亿元）。自主品牌工业机器人在塑料和化学制品、食品工业等行业市场占有率逐步攀升，呈现追赶、反超态势，在新能源汽车、锂电池、光伏等新兴产业领域市场份额快速拓展。物流机器人、协作机器人等出海势头强劲，日益获得客户认可，国际竞争力显著增强。

> **专栏 4-4　美、日、德、韩机器人企业竞争力**
>
> 　　**美国机器人企业创新力处于全球领先地位，引领全球技术前沿方向。**比如，医疗机器人领域，美国直觉外科公司 2022 年营业收入达 62.22 亿美元，利润总额为 16.07 亿美元，利润率高达 25.8%，其推出的达芬奇手术机器人系统在腔镜手术机器人领域一度处于全球垄断地位。此外，越来越多的非传统机器人公司开始进入机器人产业，美国多家跨国公司或企业集团加强了机器人研制工作，成为机器人应用开发的主要力量。例如，谷歌、亚马逊等企业跨界进军机器人产业，持续加大在机器人相关技术和产品的研发投入。电动汽车及能源公司特斯拉推出了人形机器人"擎天柱"，产品迭代创新速度引起业界高度关注。
>
> 　　**日本拥有享誉全球的机器人企业和品牌，核心零部件和整机产品在全球占有重要市场份额。**日本在机器人的上、中、下游都有一批知名企业，诞生发那科、安川电机、川崎重工、欧姆龙、那智不二越等全球著名品牌，独占机器人"四大家族"其中两席。企业营收和效益较高。2022 年，川崎重工营业收入为 17250 亿日元，利润总额为 820 亿日元，利润率为 4.75%；欧姆龙营业收入为 8761 亿日元，利润总额为 739 亿日元，利润率为 8.4%；发那科营业收入为 8520 亿日元，利润总额为 1706 亿日元，利润率为 20%；安川电机营业收入为 5560 亿日元，利润总额为 683 亿日元，利润率为 12.3%。发那科利润率远高于同类企业，其研发费用率保持在 6% 以上。企业进行全球战略布局，在全球多个国家和地区拥有研发、生产和销售中心。如，发那科在 46 个国家拥有超过 240 家合资企业、子公司和办事处，是数控系统最大市场份额的生产商；安川电机产品以稳定快速著称，性价比高，其伺服电机和变频器市场份额位居全球第一。日本机器人产品在全球市场上占据重要份额，尤其在上游关键核心零部件环节把控着全球最顶尖的技术产品。目前日本已经形成了从上游核心零部件到中游本体制造再到下游系统集成的完整产业链，在关键核心零部件方面，日本处

于绝对领先地位。在减速器领域，日本的精密减速机占据重要市场份额。日本精密减速机技术很多国家在短期内很难替代，RV减速机和谐波减速机在产品、材料、设计水平、质量控制、精度、功率密度、可靠性及使用寿命等方面都十分领先，如，纳博特斯克RV减速器占全球60%市场份额。在电机领域，日本的电机制造厂商在全球电机市场上占据十分重要的地位，并且拥有全球行业最顶尖的技术和产品，在中国品牌排名网世界电机排行榜上，三菱电机、安川电机、松下电机、ABB、西门子排名前五，日本占据三席。在控制器领域，安川、发那科公司拥有世界上最先进的控制器，稳定性、可靠性、精度、使用寿命全球领先。

德国拥有一批具有全球竞争力的大中小企业。德国机器人领域拥有以库卡股份公司、博世力士乐等为代表的大企业，也集聚了一批在细分领域深耕的隐形冠军企业。在产业链上游，拥有赛威、弗兰德等减速器企业。产业链下游，拥有徕斯（REIS）、杜尔（DURR）等机器人系统集成企业。2022年库卡股份公司营业收入为38.97亿欧元，利润总额为1.264亿欧元，利润率为3.2%；博世力士乐营业收入为70.38亿欧元。

韩国拥有一批机器人研发和应用的大企业大集团。韩国企业加速布局机器人赛道，积极助推机器人快速应用。三星电子一直专注于无人机、机器人、3D打印和虚拟现实的研发，将"机器人事业化工作组"升级为常设机构"机器人事业组"，加大对机器人产业的投入力度。LG电子将机器人定为未来核心增长点，将业务重心放在了服务业机器人上，陆续推出了自动驾驶机器人、行动辅助机器人、服务机器人、杀菌机器人、除草机器人等。现代汽车收购了全球最先进的人形机器人企业美国波士顿动力，快速进入了机器人市场，并将业务重心放在工业机器人上，瞄准需求旺盛的物流市场。2022年，斗山机器人宣布其已经成为韩国首家协作机器人年销量达1000套的企业，同时斗山还公布了3370万美元融资消息。此外，韩国政府也加大对中小企业的支持，发展多个领域的机器人产品。

从人才资源实力看，我国劳动力人口总量、高素质人才总量优势显著，但劳动力人口占比近年来下降趋势明显，高素质人才占比较美日德还有较大差距，未来随着人才培养力度不断加大，人才结构不断优化，我国依然拥有较大的人口和人才红利。根据世界银行数据，我国劳动力人口总量为9.7亿人，远高于美、日、德、韩等国家，占总人口的比例为69%。近年来我国劳动力人口占比不断下降，人力成本上升明显，根据世界银行的预测，中国的劳动人口占总人口比例将在2030年、2040年、2050年分别下降至68%、62%、60%。劳动力短缺使得我国制造业和服务业对机器人的需求不断扩大。根据世界银行数据，我国2020年至少学士或同等学历以上，25岁以上的人口总量为21836万人，占总人口的比重为15.5%，占比较低；美国占比为37.5%、日本占比为25.5%、德国占比为28.4%。高素质人才是引领机器人创新发展的重要支撑力量，我国还需加大人才培养力度。截至目前全国已有322所高校增设"机器人工程"专业，752所高职院校开设工业机器人技术专业。机器人工程技术人员被人社部列入《国家职业分类大典》。我国机器人行业的人才结构也在不断优化。随着机器人技术的快速发展，机器人相关领域的人才涵盖了机器人硬件、软件、控制、感知、机器学习、人工智能等多个方面。机器人行业的人才呈现出跨行业、跨领域的趋势，推动了行业的融合创新发展。越来越多国内外顶级高校的年轻学者投身机器人行业，国内机器人行业梯次化人才结构已经初步形成。华人学者在机器人相关领域的研究已走在世界前列。根据美国白宫发布的《国家人工智能研究与发展策略规划》，中国和美国在深度学习领域的研究领先其他国家，华人学者在人工智能领域具有相当的话语权。

专栏 4-5　美、日、德、韩机器人人才资源实力

美国人才资源实力强，高素质人才占比全球领先。 根据世界银行数据，2022年，美国劳动力人口总量为2.16亿人，在5个国家中排名第2位，劳动力人口占总人口的比重为64.9%，排名第3位；2020年至少学士或同

等学历以上，25岁以上人口总量为12457万人，排名第2位，占比为37.5%，排名第1位。

日本劳动力人口短缺矛盾凸显，高素质人才总量占比面临一定挑战。根据世界银行数据，2022年日本劳动力人口总量为0.73亿人，在5个国家中排名第3位，劳动力人口总量占人口总量的比重为58.5%，排名第5位，劳动力短缺矛盾凸显。2020年至少学士或同等学历以上，25岁以上人口总量为3213万人，排名第2位，占比为25.5%，排名第3位。日本高端人才储备面临一定挑战。20世纪70年代至21世纪初，日本的研究人员数量稳步增加，仅次于美国，在每万人口、每万劳动力的研究人员数量方面，日本均位居世界首位。随后日本研究人员数量呈现增速放缓的趋势，2021年，日本研究人员约为95.2万人，低于中国与美国，21世纪以来日本研究人员数量的增幅较小，增速也较慢，其中作为未来研发人才的"储备军"，硕士和博士研究生入学人数在本世纪初达到峰值后均趋于下降，2021年度日本博士研究生入学人数仅为1.5万人。

德国劳动力人口和高素质人才总量供给面临一定挑战。根据世界银行数据，2022年德国劳动力人口总量为0.53亿人，占总人口比重为63.6%；2020年至少学士或同等学历以上，25岁以上的人口总量为2392.7万人，占总人口的比重为28.4%，占比较高，但劳动力人口和高素质人才总量均在中、美、日之后，高素质人才的缺口较大。德国"科学、技术、工程、数学"（STEM）专业人员供给水平不足。根据国际学生评估项目（PISA）比较，2019年德国学生在STEM技能方面仅处于中等水平，而2020年德国对STEM专家的需求比相应的劳动力供应高出近60%。

韩国劳动力人口占比较高，但人口总量面临一定挑战。根据世界银行数据，2022年韩国劳动力人口总量为0.37亿人，在5个国家中排名靠后；占人口总量比重为70.9%，占比在5个国家中排名第1。

从产业规则影响力看，我国机器人产业规则影响力还比较弱，虽然我国机器人国家标准数量较多，但机器人标准的国际化能力不足。2021 年，全国机器人标准化技术委员会成立，根据全国机器人标准化技术委员会数据，截至 2023 年，我国机器人国家标准数量为 111 项，机器人标准体系不断完善。2023 年 11 月，全国机器人标准化技术委员会（SAC/TC591）人形机器人标准化工作组（SAC/TC591/WG02）成立，加强人形机器人领域标准研究布局，发挥标准化对提升人形机器人产业化高质量发展的作用。目前国际标准主导权还主要以美国、日本、德国为主，机器人领域 ISO/TC 299 归口的国际标准由我国主导的只有 1 项。我国机器人相关法律法规制定相对滞后，目前尚未有与机器人相适用的法律规范。美国对医疗手术机器人、无人配送车等新技术新产品制定了相关的法规，总体上采取更加包容的监管政策，并在数据保护、人工智能伦理等方面做出了规范。日本对机器人的设计、生产、个人隐私、销售及使用的各阶段的安全性均进行了全面要求，日本政策的相关法规涵盖面广，从不同层面进行必要的保护措施和监管安排。

专栏 4-6　美、日、德、韩机器人产业规则影响力

美国有较强的产业规则制定话语权，机器人监管政策注重促进产业创新。由美国国家标准协会（ANSI）制定的机器人领域标准数量有 20 项。在机器人领域 ISO/TC 299 归口的国际标准中，美国主导了多项国际标准的制修订。在法律法规制定上，美国对跨行业跨领域的机器人融合应用采取制定较为宽松的监管措施，更倾向于依据机器人应用的细分领域，合理有序引导产业创新发展。如，在手术机器人领域，美国将手术机器人归为第二类医疗器械，审批准则和监管较为宽松，注册和审批周期较短。在无人配送领域，美国部分州颁布了相关法规，对体积小、载重轻、速度慢，行驶在人行道的无人配送车，按个人配送设备法规管理；对体积大、载重大、速度快，行驶在机动车道的低速车，按现行机动车法规管理。此外，从人工智能和数据安全等方面，也有对机器人应用相关的监管规则。如，2019 年，美国更新《国家人工智能研究发展战略计划》；2022 年 6 月，《美国数据隐私和保护法案》发布实施。

日本机器人标准具有较强的影响力，注重对机器人产业的规范管理。由日本工业标准调查会（JISC）制定的日本工业标准（JIS）数量有29项，在5个国家中排名第3位。日本工业标准（JIS）在国际标准制定中具有较强的影响力，主导了多项国际标准的制修订。如2019年7月，日本制定了关于服务机器人运行时安全的国内标准JIS Y 1001，日本向国际标准化组织ISO TC299提出将此项日本国内标准进行国际标准化的提案，该提案于2020年9月获得批准，并成立了新的工作组，开始以日本为主席进行审议。积极参与国际标准的制定，有利于日本机器人抢占先机并加速在世界各国推广应用。日本非常注重法律规范对机器人产业的引导和约束作用。2007年，日本经济产业省出台了《下一代机器人安全问题指导方针（草案）》，规定了制造商、管理者、销售者、使用者各方的责任。2015年，日本发布"机器人新战略"，提出日本在完善机器人立法实践过程中，以推动机器人应用为前提注重规则完善和约束放宽的平衡。此外，日本在机器人领域开展宪法、民事法、刑事法大讨论，旨在对各主体进行规范以及在法律范畴明确机器人的权利义务和刑事责任。

德国和欧盟制定的标准在国际标准体系中具有较强的话语权。德国标准化学会（DIN）是德国最大的具有广泛代表性的公益性标准化民间机构，其制定的机器人领域标准数量为13项。欧盟标准委员会（CEN）制定的机器人领域标准数量为29项。欧盟制定了机器人民法规则，发布了数据法案、人工智能白皮书等。2017年2月，欧洲议会通过了关于机器人民法规则的决议（2015/2103（INL））。2020年，欧洲议会通过《欧洲议会和欧盟理事会关于开发、部署和使用人工智能、机器人和相关技术伦理原则的条例》，通过提供适当的监管框架，支持在欧盟部署人工智能、机器人和相关技术，帮助企业评估和解决发展过程中的监管要求和风险。2020年2月，欧盟发布《人工智能白皮书：通往卓越与信任的欧洲之路》。

韩国制定了机器人领域的相关法律法规，注重机器人法律规范的制修订。由韩国技术标准署（KATS）发布的 KS 标志认证的机器人领域标准是 146 项。韩国于 2008 年 3 月制定了《智能机器人开发与普及促进法》，对机器人认证、质量、补贴、投资、土地、人才等方面进行了规范，支持机器人产业发展。为及时跟踪世界机器人发展趋势和需要解决的法律问题，该法自颁布至今已进行 19 次修订。2017 年 7 月，韩国国会议员提出《机器人基本法案》，对"机器人""机器人技术""机器人产业""机器人伦理规范""机器人共存社会"等进行了界定，并规定政府应制定政策，赋予机器人具有相应权利义务的电子人格地位，确定机器人导致损害的责任和赔偿方案。法律主体资格认定方面，随着韩国《智能机器人开发与普及促进法》和《道路交通法》修订实施，户外移动机器人获得驾驶安全认证，授予行人身份，允许在人行道通行，但仍然需要一名操作员在它们旁边伴随。

三、我国机器人强国战略目标

总体上，到 2025 年，我国成为全球机器人技术创新策源地、高端制造集聚地和集成应用新高地；到 2030 年，我国机器人产业进入全球机器人第二梯队前列；到 2035 年，我国机器人产业综合实力达到国际领先水平，在规模、创新、市场、企业、人才、规则等方面综合实力进入全球机器人第一梯队，成为全球机器人强国。

规模发展目标：我国继续保持全球最大的机器人生产基地，需要打造若干全球知名的机器人产业集聚区，大幅提升机器人出口水平，拥有一定的产业链控制力，保持全球最大的机器人消费市场优势。

创新驱动目标：前沿和共性技术、核心零部件自主创新能力大幅提升，补齐产业链短板环节，具备引领全球机器人技术创新方向的能力，企业主体地位突出，企业创新投入和产业化能力处于国际领先水平。

市场需求目标：机器人消费大国潜力充分释放，自主品牌机器人占国内消费市场份额一半以上，机器人成为制造业高质量发展的关键装备，机器人成为服务业降本增效的重要助力，机器人赋能千行百业、走进千家万景。

市场主体目标：拥有一批营业收入百亿级的龙头企业，企业效益大幅提升，实现自主品牌机器人质量好、品牌优、市场认可度高，产品在全球市场竞争中占据一定市场份额。

人才资源目标：劳动力供给优势转化为工程师优势，拥有一批跨行业跨领域的高层次人才，成为全球吸引高层次人才的集聚地。

产业规则目标：建立与时俱进的机器人国家标准制修订体系，主导多项机器人国际标准制定，机器人相关立法进程取得积极进展，显著提升我国机器人产业规则制定话语权。

第五章 机器人强国战略对策

基于我国机器人产业发展的基础与实力，按照到 2035 年我国机器人产业综合实力达到国际领先水平，进入全球第一梯队的目标，通过各国对标分析找到我国机器人强国战略的路径对策，提出拥有引领全球机器人产业的自主创新技术、做强参与全球竞争的重点领域、提升产业规则国际话语权三方面战略对策。

一、战略对策 1：拥有引领全球机器人产业的自主创新技术

当前我国机器人产业技术创新能力已取得显著进展，覆盖了从零部件、整机到系统集成等产业链，在部分关键环节取得了一系列重大突破。前沿技术取得重要突破，柔性皮肤、微纳机器人、四足、仿生机器人创新成果不断涌现。目前，机器人产业科教和优质企业创新资源主要集中在北京、上海、沈阳、哈尔滨、武汉等城市。沈阳是中国机器人产业的发源地，创新资源丰富；北京、上海等高校院所和一批优质企业创新能力突出，前沿技术引领全国；北京与天津、河北、山东形成了一定的研发和生产协同发展格局；上海与江苏、浙江、安徽形成了长三角地区较完备的产业链配套能力；广州、深圳、佛山、东莞等珠三角地区依托雄厚的制造业基础，培育出一批深耕行业应用的企业，机器人产业化应用走在全国前列。创新是引领机器人产业发展的第一动力，技术创新是源头。我国机器人产业面临产业基础薄弱、核心零部件供给不足、高端整机性能亟待提升等问题，根源是基础理论研究不够，源头和底层的技术没有搞清楚，知其然还要知其所以然。企业是创新的主体，目前我国机器人产业研发创新多来源于高校和科研院所，技术成果转化不足，机器人企业整体规模还较小，可投入的研发资金相比国外企业差距还较大。创新资源区域分布不均，部分地区"研产用"衔接不畅，影响区域综合实力的提升。

坚持创新驱动产业发展，创新是引领机器人产业发展的第一动力。要对标国际先进水平，把握前沿技术发展趋势，聚焦关键核心技术形成强大自主

创新能力，把核心技术掌握在自己手中，才能真正掌握机器人产业的竞争和发展的主动权。企业是创新的主体，也是市场竞争的主体，拥有一批自主创新能力排名全球前几位的大企业，是机器人强国核心竞争力的重要体现。人才是产业发展的根本，拥有一批能够突破关键技术、具有自主知识产权的高端人才，是实现机器人强国的根本保障。因此，具体举措上，要夯实技术自主创新竞争力，实施做强企业和培养高端人才两大工程。

专栏 5-1　培育一批世界一流企业

我国机器人行业企业规模和数量快速增长，龙头企业实力不断提升，多家本土工业机器人企业年销量陆续突破万台，引领带动行业进入新的发展阶段。不同类型机器人企业快速涌现，越来越多的创新企业入局机器人行业，促进机器人行业创新发展活力。截至目前，国家级专精特新"小巨人"企业数量达到 273 家，制造业单项冠军数量达到 10 家。机器人领域融资活跃，协作机器人、物流机器人、仿生机器人等成为资本市场关注的热点赛道。机器人关键零部件、核心技术、整机、系统集成等产业链环节拥有一批骨干企业。但是，我国机器人企业规模实力、创新能力、品牌知名度、管理水平等跟国际领先企业相比还有较大差距。比如，规模总量上，我国以机器人为主要业务的上市企业年营业收入最高 30 多亿元，与发那科、安川电机、ABB 等国际领先企业百亿元级别的营业收入水平差距较大；核心零部件企业以中低端产品为主，高端产品市场份额依然由日本多家企业占据。从品牌知名度看，先进入市场的国际领先企业凭借深厚的技术积累获得用户认可，后进入的国内企业面临更高的行业壁垒，短期难以形成品牌口碑效应，需要在成本和技术上拥有过硬的实力。总体来看，我国机器人龙头骨干企业生态主导力还较弱，品牌影响力和行业带动力还有待增强，还需做大做强，提升国际竞争力。

未来，需要从基础创新、企业创新、研产用协同创新等方面统筹部署。国家层面要加大对核心零部件、整机、前沿技术和共性技术的支持力度，以企业为主体，引导更多社会资本投入基础创新领域。坚持企业创新，通过研发费用加计扣除、税收优惠等方式支持企业加大创新投入，通过自主创新、设立研发中心、兼并收购等形式，增强企业创新能力。鼓励产学研用协同创新，通过重大项目产业化，促进创新成果产业化。建设更多细分领域的机器人创新中心，探索组建产用创新联合体，支持以用户需求为牵引，开展产用协同创新。加快培育机器人领域优质企业，需要培育更多具有产业链生态主导企业，引导生态链主导企业加强与上下游企业合作，建立产业链供应链协作关系。需要优化企业的财税、金融、人才、土地等政策支持手段，引导企业提升管理水平，从降低企业成本、拓展应用渠道、企业经营管理等多方面提升企业竞争力，支持企业做大做强。支持机器人领域中小企业发展，推动一批专注细分领域、具有高成长性的创新企业做优做强，培育一批机器人领域的专精特新"小巨人"企业、单项冠军企业、独角兽企业，打造机器人产业发展生态体系。

专栏 5-2　加快培育高端人才工程

机器人产业作为高技术密集型的产业，高端人才是支撑机器人研发应用创新的根本保障。机器人融合了机械、电子、控制、信息、生物仿生等跨学科多领域的知识，其研发和制造对复合型人才要求较高。机器人的广泛应用虽然可以释放一部分劳动力，但对机器人安装、运行、维护、操作等高技能人才需求也不断加大。各行各业对高端人才的抢夺日益激烈，从事机器人领域的专业人才缺口还较大。截至 2021 年，全国已有 322 所高校设立了机器人工程专业，752 所高职院校设立了工业机器人技术专业。越来越多的高校、科研院所、企业建有机器人产教融合实训基地、企业培训中心、第三方人才培养机构等，不断探索人才培育新路径、新模式。

未来，聚焦机器人领域的高端研发人才和应用领域的高技能人才，加大人才培养力度。推动更多高校设立机器人相关专业，制订跨专业人才培养计划，加强复合型人才培养。增加国际青年交流项目，通过高校、科研机构与全球研究机构合作，培养一批具备国际研究能力的机器人领域青年人才。鼓励各地基于产业发展实际，开展机器人应用实用人才培训项目，推动区域内企业在职人员的再培训、专业技能提升、专业资格认证等，积极挖掘优秀人才。鼓励各地出台机器人人才支持政策，营造创新创业人才的良好氛围，提高人才待遇，鼓励多种形式人才激励政策，吸引人才从事机器人行业相关工作。建立机器人领域专家库，着力培育一批机器人领域的战略科学家，为机器人行业发展建言献策。通过世界机器人大会、机器人大赛等平台活动，加强国际人才引进与交流。

未来机器人技术的部署，借鉴发达国家当前部署的未来战略方向的经验，参考了《中国工程科技 2035 发展战略研究——技术路线图卷（一）》，结合未来机器人技术变革的演进方向和趋势，需要着重部署机器视觉、多机器人系统、生机电一体化、机器人大模型、脑机接口等先进和前沿技术，引领全球机器人技术发展。

（一）机器视觉技术

机器视觉技术可与人工智能、大数据等技术相融合，在机器人向智能化、融合化、通用化转型中起到至关重要的作用。机器人视觉技术使机器人具有视觉感知功能，可通过视觉传感器获取环境的图像，并通过视觉处理器进行分析和解释，进而转换为符号，让机器人能够辨识物体，并确定其位置。机器视觉具有高精准性、高效率及可持续工作等优势，擅长对结构化场景进行定量测量。典型的机器视觉系统通常包含照明系统（光源）、图像采集（工业相机、图像采集卡等）、图像处理（视觉软件、图像处理器等）、控制与执行（控制器、执行机构、自动化装备、工业机器人等）等部分。

国外机器视觉技术起步较早，技术水平和市场成熟度较高。20 世纪 60 年代末期，美国学者 L.R. 罗伯兹对多面体积木世界认知的研究，标志着机器视觉开始出现。该研究采用了一系列关键技术，包括预处理、边缘识别、轮廓构建等，成为后续机器视觉研究的基础。机器视觉技术每隔十年便经历一次革命性的进步和扩展[1]。1969—1979 年，机器视觉主要在科学研究、航天和军工等高端领域得到有限的应用，整体处于初级阶段。1969 年美国贝尔实验室成功研制出电荷耦合器件（Charge Coupled Device，CCD）传感器图像，可直接把图像转换为数字信号并存储到电脑中参与计算和分析，从而奠定了机器视觉技术诞生的基石[2]。CCD 的发明可视为机器视觉发展的起点，使得"为机器植入眼睛"成为可能。1980—1989 年，国外诞生了首批机器视觉企业，如加拿大 DALSA、美国柯达和仙童、英国 E2V 等 CCD 传感器与工业相机公司，以及美国康耐视等具有代表性的软件算法公司。1990—1999 年，机器视觉技术在美国和日本等发达国家开始得到实际应用，但成像技术和算法算力的发展尚不成熟，不能全面满足行业应用需求，无法全面推广。虽然出现一些专门从事机器视觉技术的新企业，但规模普遍较小。2000—2009 年，平板显示器（Flat Panel Display，FPD）制造、印刷电路板（Process Control Block，PCB）检测和汽车制造等行业陆续对机器视觉技术应用表现出强烈需求，CPU 算力提升使机器视觉系统在计算机技术条件下可以处理一般性的问题，相关产业需求和技术进步共同促进了机器视觉产业的快速发展与繁荣。2010—2020 年，AI 算法的发展推动机器视觉快速发展。2016 年，AlphaGo 打败人类顶尖棋手李世石，深度残差学习和残差网成为视觉领域标准算法，开启了人工智能发展的新纪元。随后，人工智能赋能的机器视觉开始在智能制造应用中加快普及。

国内机器视觉市场近年来呈现出快速增长的态势，市场规模不断扩大，机器视觉企业的技术研发和产品创新能力不断提升。与国外机器视觉的发展历程相比，我国的机器视觉产业起步较晚，1995 年才开始有初步应用。1995—1999 年，在国外技术发展引领下，我国机器视觉进入了萌芽期，航

---

[1] 于起峰, 卢荣胜, 刘晓利, 等. "机器视觉技术及应用"专题前言[J]. 激光与光电子学进展, 2022, 59(14): 4+3.
[2] 潘扬. 机器视觉：高速发展的新一代智能感知技术[J]. 杭州科技, 2022, 53(3): 27-31.

空、航天、军工及高端科研（天文、力学研究等）核心机构和行业开始出现应用，我国一些企业作为国外代理提供机器视觉器件及技术服务。2000—2008 年，在应用和算力的双驱动下，我国机器视觉进入了起步期。此时 CPU 算力提升，计算机系统可以承接一般性难度的问题。国内人民币印钞质量检测、烟草和原棉异物剔除、邮政分拣等产业对机器视觉提出强烈的应用需求，我国开始出现一些专业的机器视觉公司。2009 年是我国机器视觉产业发展划时代的一年，以苹果手机加工制造为核心的 3C 电子制造产业进入高精度时代，迫切需要用机器替代人来保障产品加工精度和质量的一致性。苹果手机加工制造的应用需求直接推动了我国机器视觉产业进入快车道。2010 年后，手机产业的飞速发展带来整个 3C 电子制造业的变革，大大扩展了机器视觉的应用场景，加速促进了机器视觉产业的发展。我国陆续涌现出近百家机器视觉创新企业，很多自动化设备公司也增设了机器视觉部门，此外安防监控领域的一些企业也开始研发应用机器视觉技术。2016—2020 年，AI 算法的发展使我国机器视觉进入蓬勃发展期。这期间中国机器视觉企业竞争实力逐步提升，以海康机器人、奥普特、凌云光为代表的本土企业已掌握核心部件技术及独立软件算法能力。伴随中国机器视觉技术升级迭代，我国本土品牌市场规模占比逐年上升，并在 2020 年超过海外品牌，机器视觉产业规模基本与欧洲体量相当。根据中国机器视觉产业联盟统计，中国机器视觉行业的销售额从 2018 年的 101.8 亿元增长至 2020 年的 144.2 亿元，复合增长率达 19%。

现阶段机器视觉技术的挑战在于产品更新迭代快、3D 需求场景增多、超高精度检测算法难度大等方面。未来机器视觉技术的部署，一方面需要聚焦突破关键算法、数据技术、柔性技术、高精度成像技术等，加速深度学习在目标检测与跟踪、图像分割与场景分类、字符与人脸识别、姿态估计与行为识别等技术方向实现突破，提升机器人视觉识别的准确性、实时性以及全面的环境感知能力。另一方面需要开发具有自适应和学习能力的 3D 视觉系统，使其能够在不确定和变化的环境中工作，拓展机器人在制造业工厂内的全产线应用，满足柔性制造需求。此外，需要开发定制化机器视觉应用解决方案，加强视觉处理硬件与软件的协同设计，优化算法以适应不同机器人平台，提升机器视觉技术在工业自动化、仓储物流等领域应用效果，拓展其在农业、智能交通、医疗康复、环境监测等领域的应用。

（二）多机器人系统技术

随着机器人技术的发展，单个机器人的能力、可靠性、效率等均得到了较大提升，但面向更为复杂、需要高效率并行完成的任务时，单个机器人往往难以胜任，需要通过多个机器人之间的协调工作来完成。多机器人系统技术从单个机器人系统扩展开来，是对自然界和人类社会中群体系统的模拟。多机器人系统技术的目标是发挥系统优势，使系统能够灵活、快速响应环境和任务的变化，从而在复杂环境中高效、可靠地完成任务。区别于单机器人系统技术，多机器人系统技术中各机器人可以具有不同的传感器和执行器，可以进行知识的交换和学习，可以在工作空间的不同区域同时工作，具有不同任务的机器人可以协同工作，可以执行时间分布的任务。目前，多机器人系统技术已经在仓储物流、农业等结构化和半结构化的应用领域展示了其应用价值。未来，多机器人系统技术有望构成无处不在的、具备通信能力和协作能力的基础设施。典型的多机器人系统技术有群智能机器人系统、自重构机器人系统、协作机器人系统、机器人足球赛[1]。

专栏 5-3　多机器人系统的几种典型模式

群智能机器人系统，主要研究如何使有限的无差别的个体机器人通过交互产生群体智能[2]。群智能系统机器人中个体的智能有限，但能够通过相互协作与分工，整体涌现出高度的集体智能，以完成复杂任务，并为各种复杂问题的求解提供新的思路，在交通控制领域、无人机编队领域、群

---

[1] 卞正岗.机器人和机器人用传感器的发展[J].智慧工厂，2019(10):4.
[2] 刘翔宇.基于情感感知的多机器人导航行为决策系统研究[D].广州：广东工业大学，2011.

体移动机器人协同等领域得到应用。无人机集群、无人艇集群、工业智能机器人集群等是其目前阶段的典型应用实例。展望未来，群智能机器人系统能够以低成本、分散化形式满足复杂任务功能需求，在区域物流、医疗健康、城市安防、抢险救援等领域展现出广阔应用前景。如抢险救援场景中使用无人机集群通过并行操作高效探查复杂场景。

自重构机器人系统，根据目标任务需要，将具有不同功能的标准模块组件进行相应的组合，形成具有不同功能的系统。传统机器人具有特定的结构、功能和运动形式，环境适应能力低、自行复原能力较弱，更适用于结构化环境下的工作。自重构机器人能依据环境信息和任务的变化要求，自动地完成结构的重组和控制算法的重组，以适应新的环境和任务。自重构机器人是一组具有重构功能的自主机器人团队，多个机器人可以组成不同的构型，各模块之间可以相互通信和协作，共同完成复杂的任务，例如，组成蛇形机器人穿过管道，组成有腿机器人跨越不平整地带，组成爬行机器人翻越障碍等。当模块受损或出现故障时，自重构机器人可以通过重新分配任务和自主替换模块来进行自我修复，从而提高机器人的可靠性。自重构机器人具有良好的环境适应性，适用于样本采集、应急救援等。展望未来，自重构机器人有望应用在工业生产、医疗健康、探索与救援等领域。自重构机器人可根据不同产品的生产需求进行自主重组和配置，提高生产线的灵活性和效率；通过重新组合和重新配置模块，在医疗手术中提供定制化的解决方案；在搜救任务中，根据实际情况自主调整形状和功能，适应不同的地形和环境，提高任务执行效率和成功率。

协作机器人系统，由多个具有一定智能的机器人组成，通过通信实现相互间的合作以完成复杂的任务。单个机器人在进行复杂作业时难以保证任务的顺利进行，单个机器人传感器对信息的获取难以满足未知环境下的大范围探索，超大功率的负载下单个机器人的执行器稳定性难以保证等。协作机器人系统将单个机器人扩展为多机器人的协调作业，即由多个机器人相互协调、相互配合完成某种作业，突破了单个机器人系统的瓶颈，具有更强的作业能力、更强的负载能力、更大的工作空间，提供了更灵活的系统结构和组织方式[1]。例如，在制造业领域大型构件加工制造中，协作机器人系统能有效涵盖更大加工范围，完成无夹具焊接、大型工件的协同搬运等任务，提升加工效率和精准度；在加工装配应用中，通过多个机器人协作完成装配、加工，提升生产加工效率。

机器人足球赛，与其他几类多机器人系统不同，不同球队的机器人之间是对抗、竞争的关系，相同球队的机器人之间是合作、互助的关系。机器人足球赛的研究目标是动态对抗环境下的多机器人协作和多智能体系统。RoboCup 机器人世界杯是参与人数最多、国际级别最高的机器人足球赛事，旨在促进机器人技术和人工智能的发展，其目标是在 2050 年之前组建一支能够战胜人类世界杯冠军的机器人足球队[2]。目前，RoboCup 比赛组别分为仿真组、小型组、中型组、仿人组、标准平台组等。随着越来越多的研究人员加入，机器人足球赛受到了越来越广泛的关注，逐渐成为了多机器人系统技术发展水平的展现平台，为人工智能领域的发展提供了新的研究方向。随着 RoboCup 的发展，比赛项目逐渐由足球赛拓展到机器人救援与仿真、家用机器人、工业机器人等。

展望未来，多机器人系统技术有望重塑企业生产模式，面向未来满足个性化需求的柔性制造过程。目前，多机器人系统技术在工业制造、仓储物流、侦查监控、环境监测、应急救灾等领域的应用需求逐渐提升。我国和主要发达国家在多机器人系统技术上同时起步，在群智能机器人系统、自重构机器人、协作机器人系统等领域均取得了一定研究成果。近年来，随着多机器人系统技术的快速发展，世界各国纷纷探索其在工业、物流、安全应急和极限环境等领域的应用。多机器人系统技术主要创新进展如表 5-1 所示。

---

[1] 潘建龙. 多机器人协作系统运动规划及位置力协调控制研究[D]. 南京：东南大学，2018.
[2] 吴海健. RoboCup 标准平台组中仿人机器人协作机制[D]. 南京：南京邮电大学，2021.

表 5-1 多机器人系统技术主要创新进展

发布时间	发布机构	产品或项目名称	创新进展
2010年5月	苏黎世联邦理工学院	分布式航行矩阵	旨在通过多个无人机的协同工作实现飞行,每个无人机都具有自主飞行和协同控制的能力,可以在空中组成不同的形态,以适应不同的任务需求
2014年	美国海军研究办公室	低成本无人机蜂群技术	旨在释放大量小型无人机,通过自适应组网及自治协调,对某个区域进行全面侦察并对诸如指控系统等的关键节点及目标进行攻击破坏
2017年1月	美国国防高级研究计划局	进攻性蜂群使能战术	实现了空地蜂群基于态势感知自主行动,同步整合仿真环境和实际环境,完成了在复杂城市环境中地面、空中不同蜂群的协作测试。未来计划实现多达 250 架协作自主的无人系统集群,执行任务时间达 15~30 分钟,并很有可能实现通过语音指令为集群发布任务的功能
2020年5月	美国陆军航空与导弹中心	空中发射管式综合无人系统	实现一架"黑鹰"直升机搭载 6 架 ALTIUS-600 无人机进行编队集群作战,并能与美军其他军种的无人机实现信息交互与联合作战
2021年4月	哈尔滨工业大学、中国科学院长春光学精密机械与物理研究所	问天实验舱灵巧机械臂	问天实验舱上的灵巧机械臂长度约 5 米,最大负载可达 3 吨,机械臂可以通过问天实验舱外部的目标适配器完成舱外的爬行和固连,实现覆盖整个实验舱舱段的操作维护。同时,它也可以通过一个机械臂转接件与 10 米长的核心舱机械臂组合起来,实现双臂间电气和信息的互联互通。"双臂合一"后,整个机械臂系统可达范围能够拓展为 14.5 米,活动范围可直接覆盖空间站 3 个舱段,满足了跨舱段、全空间站大范围的不同位置精细作业需求
2021年12月	极智嘉、恒岩科技、齐心集团	AMR 密集存储型智能物流仓储项目	通过极智嘉一站式 RoboShuttle®+P40 柔性货箱拣选与四向穿梭车密集存储的全流程组合方案,打造了业内首个密集存储型智能物流仓储,率先实现了 AMR 机器人集群全流程协同作业。该项目历时 2 个月即完成上线,仓库空间利用率提升了 40%,存储能力提升 200%,拣选效率提升 50%,准确率达 99.99%,人力投入节约 50%

续表

发布时间	发布机构	产品或项目名称	创新进展
2022年6月	南海调查中心	大湾区近海海域海底基础调查项目	南海调查中心联合云洲智能，通过"作业母船+无人船"的集群测绘作业模式，使用5条15吨无人艇，测线总里程高达2.5万千米，构建了适用于复杂海洋环境下的无人船集群环境感知与协同运动控制技术体系

数据来源：赛迪智库根据公开资料整理，2024年1月

专栏 5-4　多机器人系统技术典型企业案例

北京极智嘉科技股份有限公司成立于2015年，利用机器人、AI、大数据、云计算和IoT技术，提供机器人智能物流解决方案和一站式供应链服务。极智嘉开发了行业通用的机器人本体软硬件技术平台MATRIX、机器人集群调度系统RMS与仓储执行系统WES。2015年发布机器人拣选系统，成功应用于天猫超市。2019年，智能仓储服务完成了811万单的订单量，并一举创下"双11"期间全球最大的机器人部署，实现了超过4000台机器人同时运转的纪录。截至2021年，极智嘉连续4年保持全球AMR市场份额第一，并且于2021年问鼎全球仓储物流机器人市场的业务规模之冠，市场份额超过第二名约1倍。

北京三快在线科技有限公司（美团）成立于2010年，美团致力于打造安全高效的即时物流网络，连通低空、地面和楼宇，连接工作人员、自动化设备和城市基础设施，实现全链路决策与协同。基于自研无人机硬件与自动化机场，重点突破蜂群智能、即时定位与地图构建、高性能飞控系统、静音螺旋桨叶等关键核心技术，打造全场景、全天候的城市快速低空物流网络，配送飞行总时长超28000小时。基于自研自动配送车，重点突破城市复杂环境自动驾驶的多传感器融合感知、高精度定位、轨迹预测、决策规划、行为仿真等技术，打造车规级自动驾驶平台和大规模地面自动配送能力。

中国电子科技集团具备国际领先的无人机集群控制能力，2016年10

月在珠海航展上展出了我国第一个固定翼无人机集群试验原型，实现了 67 架规模的集群原理验证，打破了之前由美国海军保持的 50 架固定翼无人机集群的世界纪录。2017 年 6 月，完成了 119 架固定翼无人机集群飞行试验，成功演示了密集弹射起飞、空中集结、多目标分组、编队合围、集群行动等动作。2017 年 11 月，创造了 200 架固定翼无人机"蜂群"的世界纪录。2020 年 10 月，开展了陆空协同固定翼无人机"蜂群"系统的相关试验试飞工作。

发那科开发了 DualARM/MultiARM 系统，该系统允许两台或多台机器人在同一时间被控制，协调运动和启动同步作业，为两台或多台机器人系统工作站提供了最优的解决方案。发那科推出的 Dual Arm 双机弧焊机器人与三轴变位机实现双机、双工位高效协同焊接，为汽车底盘件行业提供了高效、高质量焊接解决方案。

多机器人系统技术的未来部署，一方面，技术上聚焦多机器人系统群体体系结构、感知、通信、学习、协调协作机制等领域关键核心技术，开发能够在未知、复杂自然环境中运行的多机器人系统技术；另一方面，应用上针对制造、商业服务、医疗、极限环境等应用场景，开发适用性的多机器人系统技术。针对工业场景，开发多机器人协作的机器人工作站；针对商业服务场景，开发负责分拣、包装、运输、清洁等的机器人群；针对医疗健康应用，开发用于治疗多种疾病的纳米机器人群；针对极限环境应用，开发用于重型产品装卸、危险品处置、搜索救援等多机器人系统技术。

（三）生机电一体化技术

机器人生机电一体化技术是近年来快速发展的前沿科学技术，是未来十年非常有前景的发展方向，未来在医疗、康复、假肢等领域的应用将越来越广泛。生机电一体化技术通过建立神经信息测量处理与人机信息通道，与机器人交叉融合发展，通过对神经信息的测量与处理以及人机信息通道的建立，将神经生物信号传递给机器人，从而使机器人能够执行人的命令[①]。生机电一体化技术是一种将生物信号和电子器件相结合的技术，它旨在将生物电信号（例如心电图、脑电图或肌电图）与电子器件集成在一起，实现生物信号的采集、处理和控制，核心是将生物信号转化为电子信号，并通过电子器件进行处理和分析。这些电子器件可以包括传感器、信号放大器、滤波器等。通过集成生物信号采集和电子器件，生机电一体化技术可以实现生物监测、医疗诊断、人机交互和生物反馈等应用。正因为这种原理，假肢也能够"听懂"人的指示从而成为人身体的一部分。机器人生机电融合技术的研究方向是探索以生命机理为基础的生命感知与驱动理论，阐明生命感知的尺度效应。

机器人生机电一体化技术当前已经取得了一定的进展。我国上海交通大学、哈尔滨工业大学、清华大学、东南大学、西安交通大学、中科院先进技术研究院、华中科技大学等单位在假肢机构设计、神经控制及系统集成等生机电一体化技术方面取得了一批研究成果，与国际先进水平保持同步发展，在感觉反馈通道的研究中以非侵入式方法为主。生机电一体化技术主要创新进展如表 5-2 所示。

表 5-2　生机电一体化技术主要创新进展

发布机构	产品或项目名称	创新进展
奥索（上海）商贸有限公司	量子仿生手、福莱飞毛腿、普欧智能仿生踝等	量子仿生手是全新标准的肌电假手，能够通过简单姿势改变抓握模式的上肢假肢。五根手指均具有独立电机控制，每根手指可实现独立运动，可以通过姿势控制、手机 App 控制、肌电控制和场景感应控制
奥托博克（中国）工业有限公司	基础型肌电手、液压控制系统膝关节、智能仿生手等	智能仿生手将工业自动化领域的总线技术用到了假肢系统，帮助用户恢复很多健全的手所具有的功能，同时提供多种抓握动作
北京瑞哈国际假肢矫形器贸易有限公司	英特动力智能膝关节、多轴旋转液压舒适膝关节等	智能膝关节通过多个传感器的信息融合来推算地形场景变化和用户意图，自动实现坐立转换、平地行走、上下楼梯、上下坡、跑步、骑行、障碍跨越、防绊防摔等场景的转换

[①] 许可. 生机电一体化仿人假手动作模式识别及控制系统研究[D]. 上海：上海交通大学，2017.

续表

发布机构	产品或项目名称	创新进展
英中耐（福建）假肢矫形器集团有限公司	全智能仿生腿、智能仿生下肢系统等	智能仿生下肢系统通过站立屈曲锁定功能和防绊脚功能使用户站立更安全和省力，能降低接受腔施加在残肢的压力，使假肢穿戴更舒适，并且各部件之间通过电脑计算的协作能达至动态平衡与体重的平均分配
北京精博现代假肢矫形器技术有限公司	智能仿生膝关节、前臂肌电假肢、四连杆膝关节等	智能仿生膝关节共有 10 个档位，可调节出 10 种阻尼，分为手动模式与自动模式（手动模式可调至固定档位；自动模式为 PLC 根据患者步速自动调整阻尼），高刚性助伸弹力设计，增加关节运动平顺性及安全性，145°屈膝角度提升膝关节最大活动需求
德林义肢矫型器（北京）有限公司	电子智能气压膝关节、智能肌电上肢、仿生腿等	五连杆膝关节的雅德力二代仿生腿通过配备的 3D 重力传感器或三轴加速度传感器，判断假肢穿戴者的行走路况和意图，调整关节阻力

数据来源：赛迪智库根据公开资料整理，2024 年 1 月

未来生机电一体化技术的部署，一方面需要持续增加对生机电一体化技术的研发投入，突破生机同体的物理接口与编码/解码技术、生机电系统信息融合技术、生机电系统高度融合的新型感知器件等，实现机器人对人意图的准确理解和人对机器人运动的精确感知。另一方面需要拓展应用领域，推进智能假肢、智能辅助设备、康复设备等生机电产品创新，提高设备的性能、舒适性和易用性；开发更轻便、舒适、美观的智能假肢，提高穿戴者的生活质量与舒适度；加强智能辅助设备的智能化程度，增加语音控制、自动识别等功能，满足不同场景的需求。

（四）机器人大模型技术

大模型的出现有望彻底颠覆机器人的软件开发范式，预训练后的大模型具备较高的泛化能力，可以应对从未见过的任务场景。大模型不仅在语言类应用上取得成功，也将加快机器人智能化水平提升，增强机器人交互和推理能力，增强机器人可完成任务的多样性和丰富性。在大模型问世前，人工智能往往应用于特定垂直的机器人领域，只针对某个特定领域有效，缺乏通用性。难以适应工业场景下的频繁换产、开放复杂环境下的服务场景任务等。

随着大模型的不断涌现，大模型的数据模态逐渐丰富，应用场景加速拓展，使得具备自主决策和行动能力并向着能够像人类一样与环境交互、感知、规划、决策、行动、执行任务的"具身智能"加速实现。大模型的多模态感知、自主决策等能力将机器人的使用者从必须掌握编程语言的工程师变为普通用户，大大降低机器人使用门槛。大模型的能力可以与机器人控制过程的任务级交互中的任务描述、任务分解、运行代码生成等要求相匹配，可大幅提升机器人通用化水平，用户在任何场景下仅需向机器人明确抽象的任务目标，机器人便能够理解自然语言并实现任务目标，具备高度的自主运行能力而无需掌握专业知识的机器人工程师介入。大模型的泛化和涌现能力将使机器人能够面对多样复杂的应用场景和任务。在处理大量不可预测的特殊情况或极端情况，即"边缘问题"时，大模型可以应用从其他场景中学到的知识，具备一定的泛化能力，能够适应新的对象和环境；大模型可以表现出在训练数据之外的任务执行能力，即具备一定的涌现能力。

目前，国内外均积极开展大模型在机器人领域的应用探索，大模型和机器人的结合逐步取得新进展，但目前发布的机器人大模型研究成果以美国谷歌、微软等研发团队为主，二者分别采取不同技术路线，开展大模型在机器人领域的应用探索，带动了机器人大模型的迅速发展。我国大模型取得了一定成果，但与机器人的融合应用仍处于探索阶段。机器人大模型涉及大模型、大数据、算力等多领域技术融合，全球企业及科研机构仍在积极开展技术前沿探索，我国应用于机器人领域的大模型创新成果仍处于起步阶段。2023年5月，阿里云透露，正在实验将千问大模型接入工业机器人，在钉钉对话框输入一句人类语言，即可远程指挥机器人工作。2023年10月，科大讯飞和宇树科技合作推出了人形机器人，可以在真实场景中推动多模态具身智能大模型。该机器人能够根据自然指令自动拆解任务，并执行相关操作，实现特定任务流闭环。2023年11月，阿里云发布机器人大模型解决方案，并与拓斯达机器人联合展示了基于机器人大模型解决方案打造的机器人，三步即可完成码垛任务。根据现场演示，行业专家创建场景描述、SOP工艺流程、机器人 API 文档及参考代码等场景知识库后，大模型可自动获取对应场景知识，随后工作人员通过自然语言提出任务需求，大模型即可自动生成执行代码，并最终进入调试阶段。机器人大模型技术主要创新进展如表 5-3 所示。

表 5-3 机器人大模型技术主要创新进展

发布时间	发布机构	发布产品	创新进展
2022 年 1 月	Robotics at Google	BC-Z	BC-Z 模型是一个互动式和灵活的模仿学习系统，可以从演示和干预中学习，并且可以用表达同一任务的不同形式的信息作为条件，包括自然语言嵌入、人类执行任务的视频等
2022 年 5 月	DeepMind	Gato	Gato 可以使用具有相同权重的同一个神经网络，适应不同的环境。Gato 可以玩雅达利游戏、给图片输出字幕、与别人聊天、用机械臂堆叠积木等等。Gato 在 450 个任务测试中都超过了专家水平的 50%，在 23 个雅达利游戏中的现超过人类平均分
2022 年 10 月	斯坦福大学、玛卡莱斯特学院、英伟达、加州理工学院、清华大学、德克萨斯大学奥斯汀分校	VIMA	VIMA 智能体能接受多模态的输入（文本、图像、视频或它们的混合），然后输出动作，完成指定任务，如要求机器人把积木按照图片所示摆好再还原、按照视频帧的顺序完成任务、学习新概念等
2023 年 2 月	微软	ChatGPT for Robotics	微软于 2023 年 2 月推出了 ChatGPT for Robotics，意图将大模型作为工具，实现其在机器人领域的工程应用创新。ChatGPT for Robotics 聚焦构建一种人机交互的新模式，通过调用 ChatGPT 实现从自然语言指令到机器人命令的终端执行。微软利用大模型自身具备的语义理解和代码生成能力，让使用者在非依赖编程语言的条件下，"所说即所得"地在各类机器人上快速部署任务。微软旨在以大模型取代软件工程师，实现普通用户对机器人"低代码"甚至"无代码"的编程
2023 年 3 月	谷歌、柏林工业大学	PaLM-E	2023 年 3 月，谷歌和柏林工业大学团队推出多模态具身视觉语言模型 PaLM-E，将多模态大模型扩展到机器人控制领域。PaLM-E 能够融合不同模态的知识，生成 RT-1 中的特定机器人指令。PaLM-E 能够将文本、图像等输入，融合不同模态的知识，对任务信息进行理解和处理，并分解成 RT-1 中的特定机器人指令。在实验中，其成功实现自然语言引导机器人完成移动操作任务

续表

发布时间	发布机构	发布产品	创新进展
2023年5月	阿里云	千问大模型	阿里云工程师正在实验将千问大模型接入工业机器人：在钉钉对话框输入一句人类语言，即可远程指挥机器人工作。在机器人开发阶段，工程师可通过千问大模型自动生成代码指令完成机器人功能的开发与调试，甚至还能为机器人创造一些全新的功能；在生产运行时，千问大模型为机器人执行任务提供了推理决策的能力，一线工人只需发送一段文字，千问大模型就能理解其意图并进行任务推理，自动翻译成机器可以理解的代码，指挥机器执行任务
2023年6月	Google DeepMind	RoboCat	2023年6月，Google DeepMind团队推出了具备自我改进能力的新一代机器人——AI智能体RoboCat，扩大了训练数据集，并使其具备自我改进、自我提升的能力。RoboCat模型参数量为11.8亿，性能超过了传统基于视觉的方案，并具备强大的泛化性能。RoboCat模型参数量控制表现更为优秀，能够实现更高频率的机器人控制。RoboCat能够利用单一的大型模型，在多个真实的机器人实体上解决多样化的任务，并可以快速适应新的任务和实体
2023年7月	Google DeepMind	RT-2	2023年7月，Google Brain和DeepMind合并后的Google Deepmind团队融合RT-1和PaLM-E，推出了RT-2模型。RT-2是一种结合了视觉、语言和动作来控制机器人的模型，模型从图文数据集中学习认知一个物体和与之相关的事情，从机器人数据集中学习如何在具体任务中完成机器人控制，可将学习的知识应用于机器人控制。RT-2具有符号理解、逻辑推理和人脸识别的能力，泛化能力较RT-1等过去的模型有明显提升。RT-2模型参数量达550亿，具备符号理解、逻辑推理和人脸识别的能力，在未见过的物体、未见过的背景、未见过的环境3种不同难度的泛化任务上实现了明显提升
2023年7月	VoxPoser	斯坦福大学、伊利诺伊大学厄巴纳-香槟分校	VoxPoser可以使机器人直接听懂人类的自然语言指令，无须额外的数据和训练即可完成复杂任务，如打开药瓶、开灯、拔充电线等。能够从3D空间中分析出目标和需要绕过的障碍，帮助机器人做行动规划

续表

发布时间	发布机构	发布产品	创新进展
2023年10月	波士顿动力	基于Spot开发的导游机器狗	波士顿动力通过将ChatGPT、Spot以及其他AI模型结合，开发了导游机器狗。该机器狗具备初级导游判断和对话功能，能够根据文字、语音提示与人类交谈，分析摄像头拍摄的画面，自动生成图像说明。在测试中，机器狗表现出了简单的自我决策能力
2023年10月	科大讯飞股份有限公司	"视觉-语言-动作"多模态具身智能大模型	基于"视觉-语言-动作"多模态具身智能大模型，人形机器人的复杂任务拆解准确率提升了95%，开放场景物体寻找成功率提升了85%，强化学习泛化抓取成功率提升了30%，强化学习仿人行走能力提升了30%，运动能耗降低了20%
2023年11月	阿里云、拓斯达机器人	机器人大模型解决方案	阿里云发布机器人大模型解决方案集成了通义千问、通义万相等基础模型及阿里云物联网平台，可赋予机器人知识库问答、工艺流程代码生成、机械臂轨迹规划、3D目标检测和动态环境理解等全方位能力，不仅可以大幅降低机器人开发的门槛，还可让机器人轻松完成灵活性更高的非标任务，推动机器人在更广泛的应用场景落地

数据来源：赛迪智库根据公开资料整理，2024年1月

专栏5-5 机器人大模型典型企业案例

OpenAI 成立于2015年12月，公司成立之初的目的是让通用人工智能朝着最有可能造福人类的方向发展。公司主要投资者包括微软、Y Combinator、科斯拉风险投资公司、红杉资本等。OpenAI推出了GPT、DALL·E等模型。OpenAI的研究方向主要聚焦强化学习、自然语言处理、多模态模型等领域。在机器人领域，OpenAI联合老虎基金等机构投资人形机器人公司1X，进军机器人行业。

微软早在2009年就开始开发用于语音识别和文本生成的AI模型。2019年，微软对OpenAI进行了价值10亿美元的首轮投资。2023年，微软研究院发布 *ChatGPT for Robotics* 论文，提出将ChatGPT应用于机器人，

推动 ChatGPT 与机器人融合。

谷歌依托其在人工智能领域强大的研究团队，引领近年来机器人模型的发展。谷歌 Google Brain 和 DeepMind 先后发布了 Gato、RT-1 等机器人模型。2023 年 4 月，谷歌宣布将 Google Brain 和 DeepMind 两大世界级 AI 实验室合并，成立 Google DeepMind 部门。合并后的 Google DeepMind 发布了 RoboCat、RT-2 等模型。

科大讯飞股份有限公司成立于 1999 年，是智能语音和人工智能上市企业。自成立以来，一直从事智能语音、自然语言理解、计算机视觉等核心技术研究，积极推动人工智能产品和行业应用落地。2023 年 5 月，科大讯飞发布星火大模型，并分别于 2023 年 6 月、8 月及 10 月迭代。2023 年 10 月发布的星火大模型 V3.0 版本实现了文本生成、语言理解、知识问答、逻辑推理、数学能力、代码能力、多模态能力等，能力持续提升，特别是提升了大模型代码能力。科大讯飞明确规划了一系列的迭代里程碑，计划在不同时间节点进行不同方面的升级。科大讯飞星火大模型落地多应用场景实现闭环，赋能开放平台共建生态。

阿里云创立于 2009 年，是全球领先的云计算及人工智能科技公司，为 200 多个国家和地区的企业、开发者和政府机构提供服务。2023 年 4 月，阿里云推出自研大模型"通义千问"，2023 年 11 月，在 2023 云栖大会上，阿里云发布机器人大模型解决方案，并与拓斯达机器人展示了基于机器人大模型解决方案打造的机器人，该机器人三步即可完成码垛任务。

中国科学院自动化研究所自 2019 年起，坚持以"图-音-文"多模态技术为核心，确立多模态大模型布局，整合所内图像、文本、语音等研究方向的优势资源开展集团式攻关，于 2021 年 9 月打造"紫东太初"1.0 多模态大模型。2023 年，中国科学院自动化研究所发布"紫东太初"全模态大模型。该模型在语音、图像和文本三模态的基础上，加入视频、信号、3D 点云等模态数据，研究突破了认知增强的多模态关联等关键技术，具备全模态理解能力、生成能力和关联能力。

百度在线网络技术（北京）有限公司成立于 2000 年，是国内中文搜索引擎龙头企业。2017 年，百度提出"All in AI"战略。百度在预训练数据基础、基础模型框架和算力能力积累多年，陆续发布了飞桨、文心大模型等。文心大模型在 2019 年 3 月推出 1.0 版本后，历经 4 年研发迭代，实现了基础模型升级、精调技术创新、知识点增强、逻辑推理增强等成果。如今的文心大模型已建起了从基础大模型到任务大模型、行业大模型的完整体系。基础大模型包括 NLP（自然语言处理）大模型、CV（计算机视觉）大模型、跨模态大模型；任务大模型包含对话、搜索、信息抽取、生物计算等多个典型任务；行业大模型则与各个行业中的头部企业、机构联合研发。2023 年，百度率先发布知识增强大语言模型产品文心一言。

未来，具身智能有望成为大模型的最终应用场景。目前，机器人大模型在多模态感知、实时性、泛化性等方面仍存在诸多不足，尚未给机器人产业带来类似 ChatGPT 的爆发性增长。虽然国外企业占据了发展先机，但总体而言，国内外研究机构在机器人大模型方面均处于技术研发和探索阶段，聚焦加强模型的理解能力、实时精准运控能力、泛化涌现能力等开展攻关，国内外企业仍处在同一起跑线。下一步亟待加强创新研发及前瞻布局。

一是加强多模态感知技术攻关，提升机器人对环境的感知和理解能力。机器人大模型需要具备视觉、听觉、触觉等丰富的外部感知和力矩、温度、位置等内部感知，以获取外部环境和自身状态信息，从而基于获取的信息做出正确的决策。通过多模态的相互融合和交叉验证，可以避免对单一模态信息的依赖，能够更好完成与环境的交互任务。

二是加强大模型和基础模型相互配合，提升机器人实时精准运动控制能力。机器人大模型指令生成速度慢，生成结果简单，更擅长负责规划和决策的高层级任务，负责执行的低层级任务部分短期仍需依靠传统机器人算法。加强大模型和基础模型的相互配合，通过大模型提升高层次的任务拆解、常识理解、决策规划等任务,通过基础模型保证实时性控制精度和响应速度,实现流畅精确的机器人运动控制。

三是改进大模型泛化和涌现水平,提升机器人的通用性。机器人大模型通过预模型架构、方法和数据集方面的改进提高泛化能力。大模型泛化能力和涌现能力的改善有望提升人形机器人在未知复杂环境中的执行成功率,进而提升人形机器人的通用性。

(五)脑机接口技术

脑机接口(Brain-Computer Interface,BCI)技术是与人工智能关联的当代前沿技术之一,脑机接口是在人或动物大脑与外部设备之间创建的直接连接,从而实现脑与设备的信息交换[1]。从技术路径上,脑机接口分为非植(侵)入式和植(侵)入式两种,两相比较各有优劣[2]。第一种无须进行手术,通过在头皮上安装用于捕捉脑电波的电极来实现,风险较低,但采集到的脑电波信号精度有限,因此仅能用于执行一些简单的操作或控制任务。第二种形式则需要通过手术将电极直接植入大脑皮层,使电极更接近神经元,捕获更清晰的神经信号,但手术风险较高且成本较大[3]。目前,脑机接口技术普遍采用的是非植入式方法。对于四肢瘫痪或感官功能丧失的重度残疾人,植入式脑机接口是恢复行动和感知能力的关键途径。这项技术的核心目的是辅助、修复或增强人的行动、表达和感知能力,帮助肢体残疾人恢复运动功能,协助失语者恢复语言能力,以及帮助视觉或听觉障碍者恢复相应的感知能力。脑机接口技术不仅在医疗健康领域内显示出其巨大的潜力,还广泛应用于艺术创作、体育竞技、军事训练以及电子游戏等多个领域。

我国脑机接口技术创新成果集中在非植入式领域,植入式领域取得积

---

[1] 葛松,徐晶晶,赖舜男,等. 脑机接口:现状、问题与展望[J]. 生物化学与生物物理进展,2020,47(12): 1227-1249.
[2] 杨立才,李佰敏,李光林,等. 脑-机接口技术综述[J]. 电子学报,2005(7): 1234-1241.
[3] 肖峰. 脑机接口技术的发展现状、难题与前景[J]. 人民论坛,2023(16): 34-39.

极进展。目前，国内在脑机接口技术取得了一些重要进展。我国脑机接口技术的研究起始于 20 世纪 90 年代末，当时清华大学创建了基于稳态视觉诱发电位的脑机接口新范式[①]。现在，这一范式已成为无创脑机接口的三种主要范式之一。近年来，国内在非植入式脑机接口取得了较多成果，清华大学、华南理工大学、天津大学、上海交通大学、国防科技大学、中国科学院半导体研究所、电子科技大学、北京师范大学、兰州大学、中国科学院深圳先进技术研究院、中国医学科学院生物医学工程研究所、华中科技大学、昆明理工大学等在无创脑机接口、多模态脑机接口、脑机协作智能、脑机康复等方面取得创新突破。植入式脑机接口方面，浙江大学研发了复杂环境下的大鼠导航系统，以及猴子用皮层脑电控制机械手完成不同手势的抓握动作[②]；清华大学实现了首个基于无创医学影像技术导引的微创脑机接口系统。目前，我国在植入式神经接口设备领域处于发展初期，仅在应用层面上有部分产品与欧美医疗公司临床产品相似，在核心范式、核心芯片、核心通信协议、核心算法、核心材料器件等方面存在短板。总体上，我国脑机接口技术产业化发展目前还处于起步阶段，整体发展水平与欧美发达国家仍存在一定的差距[③]。美国在脑机接口的理论、方法和实践方面具有明显的领先优势。植入式脑机接口研究主要集中于美国，已成功开发出多种外周神经电极、三维电极、柔性电极、环形电极以及光遗传技术，并将其应用于脑机接口。相比之下，欧洲国家更注重神经疾病研究，主要关注非植入式脑机接口。日本主要关注非植入式脑机接口，并倡导脑机接口和机器人系统的集成。

部分国家加速开展脑机接口接入机器人尝试。例如，我国研发了脑机接口手部康复机器人，是一款通过视听诱导激活镜像神经元，促进运动再学习能力的外骨骼康复机器人；将脑机接口与外骨骼机器人有机结合，直接训练

---

① 吴佼玥, 李筱永. 脑机接口技术视角下神经权利的逻辑生成和规范路径[J]. 残疾人研究, 2022(2): 44-53.
② 刘昊. 脑机接口技术引发的传播变革研究[D]. 淮北：淮北师范大学, 2021.
③ 孟强. 脑机接口技术运用中自然人的意思自治与责任承担[J]. 北京理工大学学报（社会科学版）, 2023, 25(6): 69-82.

受损的大脑神经网络，借助主动式的神经康复手段，可辅助患者手部按生理规律进行康复运动。美国麻省理工学院团队将脑机接口和机器人系统结合，使用无线、可穿戴的脑机接口设备控制波士顿动力的四足机器人 Spot，并探索其在个人助理场景中的使用；用户通过脑力计算回答一系列问题，每个问题有对应的 Spot 动作。斯坦福大学利用脑机接口实现机器人的控制，允许人类使用大脑信号来控制机器人进行日常活动，比如制作美食、熨烫衣服等。

专栏 5-6　脑机接口技术典型企业案例

北京品驰医疗设备有限公司在退行性神经疾病领域积累多年，当前的产品线覆盖了脑深部刺激系统 DBS（脑起搏器）、迷走神经刺激系统 VNS（治疗难治性癫痫）、神经刺激系统 SIMI（膀胱起搏器）、脊刺激系统 SCS（镇痛起搏器）。

博睿康科技（常州）股份有限公司核心团队来自清华大学神经工程实验室，当前主要有 3 个产品矩阵：科研级脑电采集与刺激设备，应用于生物医学、心理学、神经科学等领域的科学研究；医疗级脑电设备，应用于癫痫、脑肿瘤、脑血管病等疾病的诊断与监护；微创植入脑机接口系统，应用于难治性癫痫治疗、神经系统疾病康复等临床场景。

杭州妞诺科技有限公司提供脑科学医疗整体解决方案、AI 算法技术研究以及软硬件产品研发，其自主研发的配套硬件包括脑科学病例数据库及算法、脑科学大数据云平台和脑电图仪等。

浙江强脑科技有限公司主打产品包括注意力监测头环及提升系统，第二代头环产品（可穿戴脑电检测设备）已实现 10 万台量产下线，智能仿生手通过处理肌电神经电信号来实现动作控制，为残疾人群提供康复、训练等，在运动感知方面具有很强的仿生性，以及孤独症干预、正念冥想等产品和服务。

上海念通智能科技有限公司依托上海交通大学十余年的技术积累和经验储备，集研发、生产、销售、技术服务于一体，致力于脑电、肌电、近红外、电刺激等技术相关产品的研发和产业化应用，为脑科学、心理学、生机电、人因工程、神经管理、运动康复等研究领域提供专业的技术解决方案。

北京脑陆科技有限公司是一家非侵入式脑机交互厂商，开发的主要产品有 BCI 安全帽和便携式干电极脑电图机，用于精神类疾病辅助诊断，为患者提供精神、生理安全状况监测与预警。

西安臻泰智能科技有限公司依托西安交通大学机械工程学院医工交叉研究所孵化，当前落地产品主要是脑机接口主被动协同康复训练系统，利用 AR、VR 沉浸式场景，对患者进行视觉运动目标任务诱导、激发运动想象，通过非侵入式脑机接口采集脑电信号，对脑电信号进行处理并转化反馈给患者，机器人接到指令后，带动患者进行肢体运动，通过重复训练，调控患者大脑信号，从而提高患者大脑神经的功能性、连接性，实现康复效果。

北京宁矩科技有限公司由清华大学电子系孵化，聚焦脑机接口材料、芯片与系统。宁矩科技自研的脑机接口专用系统级芯片 2021 年已流片成功，集成采集刺激模块、无线发射模块、算法模块，在功耗、抗噪等方面具有优势。

北京优脑银河科技有限公司基于个体精准脑功能图谱技术，能够识别脑功能图谱中 200 多个功能区和疾病信号通路，进而对个体脑功能异常环路进行精准检测和干预。

应脉医疗科技（上海）有限公司是一家医疗器械平台，脑机接口是其多个产品线之一。应脉医疗的非侵入式脑机接口，主要面向普通消费者，便捷脑电信号采集平台，可实现 16 通道采样率、高输入阻抗，可用于认知研究、意念打字、脑控设备等。在侵入式脑机接口方面，研发了新型电极和 1152 通道商用脑机接口平台，可用于大脑的高通量低噪声记录和神经刺激。

东莞市柔灵科技有限公司专注非侵入式脑机接口在消费电子、医疗领域的应用。柔灵科技目前主要有 3 款产品：脑电柔性睡眠贴片，用于睡眠监测和改善；肌电手环，静态条件下可识别 20 种手势，准确率达 91%；宠物情绪监测可穿戴设备，采取多模态数据传输，采集宠物心电、体温、呼吸等作为参数，反映宠物情绪变化。

上海脑虎科技有限公司是一家通过柔性脑机接口技术来保护及探索大脑的生命科技公司。2022 年 9 月，脑虎科技展示了集成式颅顶半植入 BCI 产品，最高支持 256 采样通道。除 BCI 产品，还发布了高频脑电信号处理仪、软件算法云平台。

上海阶梯医疗科技有限公司创始人来自中科院神经所，聚焦侵入式脑机接口研发，在超柔性微纳电极方面积累深厚。阶梯医疗正基于神经界面优势，开发侵入式脑机接口系统平台，未来主要应用方向是通过精细深脑刺激，为帕金森重度或难治性抑郁症、强迫症、毒品成瘾人群等提供神经调控。

我国高度重视并出台脑机接口相关政策。自 2011 年以来，我国陆续印发了支持、规范脑机接口行业的发展政策，内容涉及脑科学研究、脑机接口技术突破、脑机接口应用研究等，对脑机接口行业的发展给予了强有力的政策支持和资金投入，为行业的技术创新和应用推广提供有利的条件。2021 年 9 月，科技部发布了《科技创新 2030—"脑科学与类脑研究"重大项目 2021 年度项目申报指南》，该项目涉及 59 个研究领域和方向，国家拨款经费预计超过 31.48 亿元，其中类脑计算与脑机智能技术及应用领域研究内容包括新型无创脑机接口技术、柔性脑机接口、基于新型纳米器件的神经形态芯片、支持在线学习的类脑芯片架构、基于神经可塑性的脉冲网络模型与算法、面向运动和意识障碍康复的双向闭环脑机接口等 10 个课题。《国民经济和社会发展第十四个五年规划和 2035 年远景目标纲要》提出人工智能和脑科学为国家战略科技力量，其中类脑计算和脑机融合技术研发是重要领域之一，而脑机接口技术是脑机智能融合技术的关键之一。

国内各省市也纷纷出台促进脑机接口行业发展的政策。目前，我国有十余个省市出台了脑科学和脑机接口相关的政策，其中北京市和上海市相关政策最多，均计划在突破脑机接口关键技术的基础上，实现脑机接口产业化应用。北京市在《北京市科技创新 2035 规划》中提出，要建设国际一流的脑科学与类脑研究中心，开展脑机接口、类脑计算、神经网络芯片等方面的研究，推动脑科学与人工智能、生物医药、教育等领域的深度融合。上海市在《上海市人工智能行动计划（2018—2020 年）》中提出，要加强脑机接口、神经形态芯片等领域的技术攻关，推动脑机接口在医疗康复、虚拟现实等领域的应用。

脑机接口技术在医疗、康复、娱乐等多个领域都有广泛的应用前景，未来与机器人化的智能终端融合应用将进一步加强，是下一步科技领域的重要发展方向。**一是加强技术创新突破**。进一步研究和发展更先进的材料，提高植入式脑机接口的兼容性和耐久性，探索更有效的信号处理和解析技术，提高信号的准确性和稳定性。个性化定制与优化设计植入式脑机接口，减少对脑组织的损伤和炎症反应。研制小型化、便携化、可穿戴式非植入式脑机接口，结合智能穿戴设备、虚拟现实技术等，提高用户体验感。**二是加强脑机接口多领域应用**。形成企业、高校和研究机构产学研一体化的合作机制，将科研成果与企业需求进行对接，促进技术的实际应用和商业化发展。探索脑机接口技术在医疗、教育、娱乐、游戏、智能家居等领域的应用。通过与相关行业合作，开发具有针对性的应用产品，满足不同领域的需求。**三是加强科普宣传和教育**。通过举办展览、发表科普文章、开展互动体验等形式，扩大脑机接口技术的科普宣传和教育活动，提高公众对这项技术的认知度和接受度。

二、战略对策 2：做强参与全球竞争的重点领域

机器人作为制造强国建设的重要行业之一，承担着引领行业由"并列创新"向"领跑创新"模式转变的重任，需要分类施策以推动不同细分领域突破发展。在人形机器人、四足机器人、软体机器人、微纳机器人等前沿领域，占领科技和产业竞争阵地，在新领域赢得产业先机。在工业机器人、物流机器人等已经具备市场规模的领域，推动自主产品参与中高端市场竞争，扩大机器人产业全球市场份额。在农业机器人、医疗机器人、养老助残机器人、安全应急和极限环境作业机器人等领域，满足保障和改善社会民生，维护国防安全的需求。具体举措上，全面提升重点领域的供给质量，拓展"机器人+"应用工程和打造优势产业集群工程。

专栏 5-7　拓展"机器人+"应用工程

我国机器人应用快速拓展。工业机器人广泛应用在汽车、电子、金属和机械、塑料和化学制品、食品工业等行业，并逐步渗透到新能源汽车、锂电池、光伏等新兴行业中。工业机器人应用领域已覆盖 65 个行业大类、206 个行业中类，制造业机器人密度达到每万名工人 392 台，从"十二五"时期至今，我国制造业机器人密度增速一直领先全球。服务机器人应用场景需求不断涌现。比如，新冠疫情期间，"非接触服务"引发新一轮服务机器人需求的增长，消毒、清洁、巡检、测温、无人配送、新零售等机器人新产品应用快速拓展。冬奥会、亚运会等重大活动扩大了对服务机器人的应用需求，同时服务机器人在赛事服务、安全保障、咨询服务、餐饮服务等场景实现应用。我国是全球最大的工业机器人消费市场，工业机器人使机量占全球比重超过 50%，但是，国内工业机器人 70% 以上的市场份额被外资品牌占据，自主品牌工业机器人市场份额增长缓慢。从应用行业看，电子电气和汽车是自主品牌工业机器人消费量最大的两大行业；从工艺用途看，搬运和上下料、焊接和钎焊是自主品牌工业机器人的主要应用领域，

在装配和拆卸、加工、洁净室等应用领域，自主品牌工业机器人市场份额占比较低。总体来看，我国机器人应用还须加大高端产品供给、拓展应用领域的深度和广度。

未来，我国机器人应用市场广阔，随着新一代信息技术、生物仿生、新材料、人工智能等新技术与机器人技术融合，机器人产业发展日新月异；随着制造业数字化、智能化加速推进，人们对机器人的需求也日益增长；随着老龄化加速，为提升生活质量，人们对各类服务机器人也提出了迫切需求。未来，需要出台有效的举措来拓展机器人应用的深度和广度，不断增强自主品牌机器人市场竞争力，提高我国机器人技术水平，尽可能多地占领市场；着力提高机器人高端产品供给能力，聚焦用量大的汽车、电子等行业，支持产品迭代创新，联合用户和企业开发并开放场景，创造自主品牌机器人实际工况应用条件，为机器人应用提供试验验证环境、首（台）套政策、对标验证、应用示范等支持；结合细分领域应用场景需求，通过"揭榜挂帅"、供需对接、建设应用体验中心等多种形式，激发更多应用市场空间；紧跟国内外前沿趋势，前瞻布局具有引领性、带动性、全局性的新兴产品和技术。

专栏 5-8　打造优势产业集群工程

世界制造强国的发展实践表明，产业集群是先进制造业发展的主要形态，行业之间、区域之间的竞争，已经从技术、产品之间的竞争，转向产业生态系统的竞争。在产业规模上，产业集群代表了一定区域范围内主导产业的规模较大、具有较强的行业影响力。在产业链控制力上，产业集群内拥有一批具有生态主导力的龙头企业，它们在产业链上下游协作、品牌建设、行业标准、企业管理等方面均有引领作用。在产业生态上，产业集群内组成高效的创新生态系统，能够有效促进创新要素流动与共享；具有网络化的组织模式，产业集群内主体建立良好的组织机制，在业务合作、资源共享、产业集群治理等方面建立通畅的沟通渠道，形成紧密的交流合作关系，提升产业集群效率和效益。

目前，我国机器人产业集群的发展主要以机器人产业园区为主，在产业集群规模、产业链协作、知名度等方面还有待提升。未来，需要在京津冀、长三角、珠三角等产业集聚区，充分发挥地区特色优势，打造一批以工业机器人、物流机器人等为代表的具有特色优势的产业集群，形成一批全球知名的机器人产业生产基地。打造机器人产业创新集群，发挥高校、科研院所等创新要素优势，以技术成果产业化打造优势产业集群。通过结合区域内高校、科研院所等创新要素，完善机器人产业的技术孵化、创新创业平台、金融支持、人才引进等相关政策环境，构建机器人行业的技术创新策源地。打造机器人产业链配套产业集群，依托优质机器人产业园区，开展产业园区提升行动，以机器人龙头企业为突破口，"外引内培"双向发力，引导优质产业项目向园区集聚。通过整合区域内强大的产业链配套资源及应用市场，吸引优质产业项目自然集聚，倡导政府加大提供土地、税收等优惠政策力度。通过园区产业升级吸引更多"产学研用"资源集聚，上下游形成产业生态，多方合力共同推进产业集聚向产业集群提升。

专栏5-9　上海机器人产业园和余姚机器人智谷小镇的做法和经验

上海机器人产业园——通过产业能级提升、完善要素保障支撑等打造长三角机器人产业创新生态示范区。上海机器人产业园是上海首家以机器人命名的园区，先后被授牌国家机器人检测评定中心、上海市机器人研发与转化功能型平台、上海机器人产业技术研究院、宝山区经济数字化转型十大示范场景、宝山区特色实践园区、上海机器人产业园服务直通站。2022年成为工业和信息化部中小企业特色产业集群之一。

招引国内外龙头企业打造机器人及智能制造产业集群。通过多年提标升级和定向招引，招引了上海发那科、上海快仓等多家机器人领域的国内外知名企业，汇聚了一批具有国内竞争力、国际影响力的机器人创新、智造、研发企业与集团总部，机器人及智能制造上下游产业链生态日益完善，产业集群发展态势明显。目前，已入驻 243 家机器人上下游企业，其中规模以上企业 58 家，高新技术企业 62 家，战新企业 18 家，"专精特新"中小企业 39 家，专精特新"小巨人"企业 6 家，上市、挂牌企业 7 家，专家工作站 1 家，院士专家服务中心 1 家。推动园区内 5G、人工智能、大数据及工业互联网等新兴技术和制造业的深度融合，开展智能化、数字化转型升级典型应用示范。

完善土地、财税金融、人才等要素支撑。积极盘活存量土地要素资源，企业购买园区工业用地的项目属区重点引进产业项目，土地出让底价在市场评估价基础上适当下浮，采取"一事一议"方法。探索工业用地长期租赁、租让结合等土地弹性出让方式，通过节余土地使用权转让、节余房屋转租、"优质物业换低效用地"等市场化方式，盘活低效存量用地。提高土地综合利用程度，引导科技研发、企业总部管理等创新功能加快集聚。鼓励企业产能转换，降低企业土地购置成本，对企业用地需求可采取"一事一议"方法。加大金融创新支持力度，设立机器人及智能硬件产业引导基金，吸引社会各类资本共同参与，引导建立市场化运作的支持机器人及智能硬件产业发展基金（总规模达 10 亿元）。尝试设立针对机器人、智能制造、人工智能等相关产业发展的专项贷款渠道，大力发展区域性中小金融机构，合理引导社会资本投入。吸引高层次创新人才，对区域内入选上海领军人才等培养计划的重点人才，给予配套资助奖励；对宝山区推荐的获得国家科学技术奖、上海市科学技术奖等重大奖项的企业和个人，给予创新团队奖励；对博士后给予创新创业基地资助和生活补贴；对新引进的优秀人才给予安居资助；对特别优秀的人才实行"一人一策""一事一议"等多种渠道的人才政策，吸引高层次人才集聚。

余姚机器人智谷小镇——通过服务平台、政策支持等全方位赋能，助力打造机器人特色产业集群。 余姚机器人智谷小镇地处浙江省余姚市最东端，与宁波市江北区接壤，是长三角地区富有吸引力的机器人产业创业创新地。2018 年，余姚机器人智谷小镇被列入浙江省级特色小镇第四批创建名单，通过打造集产业、文化、旅游、社区四位一体的特色小镇，推动生产、生活、生态"三生融合"，努力打造全球机器人产业研发制造新高地。

建设服务平台，加快推进机器人产业资源集聚。依托中国机器人峰会、长三角机器人博览城、机器人产业学院等高能级特色平台，余姚机器人智谷小镇的机器人产业发展形成了较强的品牌效应。中国机器人峰会是国内规模最大、最具影响力的机器人盛会，自第三届开始，该峰会永久落户余姚，成为余姚产业创新发展的金名片。长三角机器人博览城是中国第一个综合性机器人展览交易市场，着力建设成为集人才培养、技术研发、生产制造、展览展示、市场交易、互动体验、政策支持于一体的机器人产业发展生态。吸引产学研一体化平台入驻，对接哈尔滨工业大学、西安交通大学、中国计量大学等高校，通过设立研究院、众创空间、实训中心等形式，形成产学研一体化平台。

出台政策以促进人才集聚。除国家、浙江省及宁波市出台的机器人产业扶持政策外，围绕打造人才引进的"洼地"和创业创新的"高地"，余姚市相继出台了《余姚市人民政府关于加快特色小镇规划建设的实施意见》（余政发〔2016〕44 号）、《关于实施人才发展新政策加快建设人才强市的意见》（余党发〔2017〕58 号）等文件，积极推动机器人产业高端人才集聚，为余姚机器人智谷小镇的机器人产业发展提供了良好的智力支撑。

（一）发力前沿领域新赛道

我国机器人产业起步相对较晚，技术创新一直处于跟随状态。以人形机器人、四足机器人、软体机器人、微纳机器人为代表的机器人产品，技术难度高，是当今世界上最具挑战性和带动性的高科技领域。随着技术和应用的日益成熟，新产品的产业带动性日益增强，2035 年，机器人将形成万亿级的产业，是各个国家都要发力抢抓的新赛道。我国机器人产业想要缩小与国际先进水平的差距，需要在新赛道上尽快形成落地成果。

1. 人形机器人

人形机器人是当今世界最受瞩目的技术融合创新方向之一，将成为新一轮全球科技和产业竞争博弈的重要之地。作为全球科技竞争的新高地、未来产业的新赛道、经济发展的新引擎，被视作"第四次工业革命"的标志性产品。人形机器人又称仿人机器人，集仿生学原理和机器电控原理于一体，涉及机器人本体结构、核心零部件、智能感知、驱动控制、支撑环境等主要模块。相比其他机器人，人形机器人高度更高、双足行走，需要保持相对平衡并适应不同行走环境，关节更多且受力复杂，对减速器负载和电机响应速度要求更高[①]。人形机器人是人工智能技术的主要载体，让人类能够更直观地体验先进的人工智能技术。

人形机器人的发展主要以日本、美国、中国等国家为主。日、美等国人形机器人的典型产品经过长期的技术积累和迭代，在行走稳定性与环境适应性等方面具备一定优势。20世纪60年代，人形机器人成为机器人行业的重要研究对象之一，各国就人形机器人的技术展开深入研究，并推出功能多样的人形机器人产品。据马斯克预计，人形机器人 Optimus 将于3～5年内实现量产并上市，其最终产量将会达到百万级，成本将降至2万美元左右。人形机器人技术路径和商业化路径逐渐趋于智能化、实用化和低成本化。总体上看，目前国内外人形机器人成本还非常昂贵，应用场景主要集中于教育、科研、科技展示等领域，尚未有企业在工业应用场景规模产业化上脱颖而出。纵观人形机器人的发展历程，目前除了美国 AgilityRobotics 公司的 Digit 仓储机器人实现了一定规模应用，包括日本本田的 ASIMO、美国波士顿动力公司的 Atlas 在内的人形机器人均未能实现真正的商业化应用。由于人形机器人存在技术复杂、开发成本高昂、稳定性差、缺乏高级人工智能技术等诸多问题，其应用方面还面临诸多痛点，市场空间难以拓展，商业化路径也正在探索。可以说，目前我国人形机器人与国外水平在同一起跑线，产业未来

---

① 虞汉中，冯雪梅. 人形机器人技术的发展与现状[J]. 机械工程师，2010(7): 3-6.

发展潜力巨大。据中国机器人网统计，2023 年，国内共有 9 家人形机器人企业获得累计超过 19 亿元的融资，其中有 3 家企业单轮融资金额超亿元，人形机器人企业智元机器人更是在接近半年的时间里连续获得五轮融资。2023 年 10 月，工业和信息化部印发《人形机器人创新发展指导意见》，按照谋划三年、展望五年的时间安排做了战略部署，提出到 2025 年，人形机器人创新体系初步建立；到 2027 年，人形机器人技术创新能力显著提升。

专栏 5-10　人形机器人的发展历程

1958 年，美国通用电气公司推出具有电子力反馈系统，如使操作员感知钳子与手臂压力的灵巧机械手，能完成打包鸡蛋、擦亮火柴等精细动作。有意识的机器功能、拟人化设计活动自此开启。1962 年，通用电气公司受美国陆军部门委托，尝试研制一种双足的移动平台以适应拖拉机无法行进的复杂地形。为验证使用者良好控制双足机械的可能性，通用电气公司搭建了一个实验性双足步行操纵机械平台，来探究人体平衡与设备重心之间的关系。

1968 年，日本早稻田大学加藤一郎教授在日本首先展开双足机器人的研制工作，并于 1973 年推出世界首个全尺寸人形智能机器人 WABOT-1。该机器人身高约为 200cm，质量为 160kg，包含肢体控制系统、视觉系统和对话系统，有两只手、两条腿，胸部装有两个摄像头，全身共有 26 个关节，手部还装有触觉传感器，可以用日语与人交流，并用人工眼耳感知环境，测量与物体间的距离和方向，双腿可以静态步态行走，拥有触觉的双手可以抓握物品，其智能程度大概和 18 个月的婴儿类似。WABOT-1 的诞生对人形机器人成为热点研究领域起到了重要的推动作用。1984 年，加藤一郎教授和多个研发实验室合作，在 WABOT-1 的基础上开发出更智能化的音乐演奏机器人 WABOT-2。该机器人头部有摄像头，可以用来读乐谱，灵活的手指可以在键盘上演奏一般难度的曲子，还能给唱歌的人伴奏，其成为人形机器人研发历史上第一个里程碑式的产品。

1986年，日本本田公司开发了双足机器人E0，直到1996年才被公布。E0质量为16.5kg，身高为101.3cm，它有6个自由度，首次利用双足行走机制，通过直线静态步态实现了腿部交替的运动。1996年，本田公司推出了全球首个类人智能双足机器人P2。P2的成功之处不仅在于其实现了无线遥控功能，而且它将主机、控制马达、电池和无线通信等关键部件全部隐蔽起来，使得机器人在外观上显得更为整洁[1]。2000年，本田公司推出身高为120cm、可用双脚流畅直立行走的ASIMO（P4），惊艳了人形机器人行业。初代ASIMO身高为120cm，质量为52kg，有26个自由度，携带1kg负载时的步行速度为1.6km/h，可以预先设定动作，能依据人类的声音、手势等指令完成相应的动作，还具备了基本的记忆与辨识能力。2005年，本田公司对ASIMO进行了升级改造，实现了人形机器人的奔跑，速度达到6km/h。2007年、2011年和2014年，本田公司后续又进行了几次升级，ASIMO实现了倒退走、单腿跳跃、双脚跳跃，可以以近9km/h时速奔跑、倒行，以及进行踢足球、跳舞等整体协调性要求较高的运动。2016年，本田公司就最新版本的ASIMO机器人进行展示，该版本ASIMO手部活动实现突破，可进行手语表演，下肢也进行了改进，可更快、更平稳攀爬楼梯。2022年3月，或是由于商业化进展不顺利，在技术方面领跑了数十年的ASIMO宣告退役。

2013年，在美国国防高级研究计划局（DARPA）的资助下，波士顿动力公司的人形机器人初代Atlas亮相。Atlas身高为180cm，质量达150kg，拥有出色的运动稳定性，能够在布满石块的崎岖路上行走，被外力干扰也能持续保持单脚站立平衡。2015年，Atlas改进为第二版，身材更加纤细，体型也更小，并设计了电池大背包，脱离了电缆，液压泵的使用使其速度、力量都得到了提升。2016年，改进后的Atlas正式亮相，并拥有了更强的运动平衡能力，可在室外雪地和建筑物内搬运物品。2017年，Atlas在视频演示中展示了跳跃能力，可以从一个箱顶跳到另一个箱顶，能够跳上高

---

[1] 文炎星. 人机能否进行有效交流[J]. 科学大观园，2016(4): 44-45.

台，甚至还能从高台后空翻跳下并平稳落地。2019年，Atlas掌握了"体操"技巧，能够连续地跳跃、翻滚、倒立。2021年，Atals已经可以识别环境，自主规划路径，寻找动作落点。2023年1月，波士顿动力公司发布视频演示了Atlas识别物体并与人交互、修改路线以达到其目标。

2021年8月中旬，马斯克在特斯拉"AI Day"上首次展出其人形机器人Optimus的渲染图，并请出一个穿着"皮套"的舞者上台表演，提出人形机器人商业化思路。2022年10月1日，马斯克正式发布人形机器人擎天柱Optimus原型机，展示了人形机器人在汽车工厂搬运箱子、浇植物、移动金属棒的视频。2023年，Optimus人形机器人再次升级，可实现流畅行走与抓取物品，不仅依靠视觉来对物体进行分类，而且能完成拿取鸡蛋、瑜伽、跳舞等动作，灵活度较原型机大大提高。

我国人形机器人科研机构、行业企业坚持自主创新，在多个领域实现突破，逐步打造人形机器人特色竞争力，随着多家企业不断推出新产品，将迎来重要发展机遇期。1985年，哈尔滨工业大学开始涉足两足步行机器人相关研究。1990年，国防科技大学研制出我国首台两足步行机器人，十年后，国防科技大学又独立研制出我国第一台具有人类外形、能模拟人类基本动作的类人型机器人"先行者"。"先行者"身高为140cm，质量为20kg，不仅具有类人一样的头部、眼睛、脖颈、身躯、双臂与两足，而且具备了一定的语言功能。北京理工大学团队自2002年推出仿人机器人BRH-1起已经迭代到第八代，在2023世界机器人大会展示了第八代"汇童"，填补了国内电驱人形机器人的产业空白，跻身全球第一梯队。2016年，优必选科技公司540台Alpha机器人亮相央视春晚，并且获得2016年5月的吉尼斯世界纪录的认证，成为"最多机器人同时跳舞"的纪录保持者；2019年，优必选科技公司发布了第二代人形机器人Walker，其共有36个高性能伺服关节及力觉反馈系统，拥有视觉、听觉、空间知觉等多方位的感知能力；2021年，优必选科技公司发布了人形机器人Walker X，Walker X能上下楼梯、操控家电、端茶倒水、给人按摩、陪人下棋；2023

年，优必选科技公司在香港交易所上市，并推出了专用于工业场景的Walker S人形机器人。2022年，小米展示了人形机器人CyberOne"铁大"。此外，达闼、追觅科技、高擎机电、傅利叶智能、宇树科技、智元等企业纷纷推出人形机器人产品。达闼在世界机器人工智能大会期间，发布人形智能机器人Ginger 2.0，并在2023年发布了双足人形机器人"七仙女"。追觅科技发布了通用人形机器人，身高为178cm，质量为56kg，全身共有44个自由度，单腿有完整的6自由度。高擎机电推出了小体积、高性能、价格还便宜的双足机器人π。宇树科技发布了全尺寸通用人形机器人H1，并宣称整机价格在几十万左右。"华为天才少年"稚晖君离职后，重磅发布智元通用型具身智能机器人"远征AI"，尝试将AI和机器人技术深度结合。对比国外人形机器人产品，我国人形机器人企业数量和迭代速度都在加快，但目前在产品运动速度、稳定性等方面和日、美等国产品相比仍存在明显差距，部分产业链环节存在短板。

人形机器人的主要创新进展如表5-4所示。

表5-4 人形机器人的主要创新进展

发布机构	发布产品时间及系列	最新产品性能指标	创新进展	未来应用场景/载体
日本本田技研工业株式会社	2000年第一代ASIMO 2005年第二代ASIMO 2007—2014年第三代ASIMO 2016年第四代ASIMO 2018年停止研发ASIMO 2022年ASIMO退役	ASIMO身高为130cm，质量为48kg，具备智能交互和灵活行走等功能，可以最大9h/km的速度奔跑	手部可完成端茶、拧瓶、倒水等基本动作，还能实现手语表演；下肢也进行了改进，可更快、更平稳地攀爬楼梯	—
波士顿动力	2013年第一代Atlas 2015年第二代Atlas 2016年第三代Atlas 2017年第四代Atlas 2018—2021年升级版Atlas 2023年1月最新版Atlas	Atlas身高为150cm，质量为89kg，共有28个自由度，可举起68kg的物体，运动速度为8km/h	自主判断物体的形状和质量并与人交互、修改路线等	仓储物流等工业场景

续表

发布机构	发布产品时间及系列	最新产品性能指标	创新进展	未来应用场景/载体
意大利理工学院	2004年iCub 2014年iCub2 2022年iCub3	iCub3身高为125cm，质量为52kg，且有54个自由度，各方面性能都远超初代iCub	可以与人交谈、握手和拥抱，也具备远程操控交互能力	康复训练等服务场景
微软	2023年2月 ChatGPT for Robotics	实现自然语言指令到终端执行之间的人机交互新范式	让使用者在非依赖编程语言的条件下，"所说即所得"地在机器人上快速部署任务	人形机器人
谷歌	2022年12月RT-1模型 2023年3月语言模型PaLM-E 2023年7月RT-2模型	通过视觉、语言和动作来控制机器人的模型	能够通过思维链形成相应的行动计划，并发出指令控制机器人完成相应行动	人形机器人
斯坦福大学	2023年7月 VoxPoser	通过大语言模型加视觉语言模型指导机器人行动	搭载此类模型的机器人可以像ChatGPT一样被操纵	人形机器人
Apptronik公司	2023年8月 阿波罗（Apollo）	阿波罗身高为175cm，质量约75kg，能够举起25kg的重量，电机可持续工作22个小时	相机和人工智能系统的引入使其对环境的适应和响应能力更强	工厂、仓库、建筑、电子产品生产、送货上门甚至老年人护理等场景
特斯拉	2022年10月Optimus原型机 2023年5月升级版Optimus 2023年9月最新版Optimus	Optimus身高为172cm，质量为73kg，共有28个全身自由度，能够硬拉68kg，负重20kg	Optimus迭代升级后可以更有效地学习各种任务，完成物体分类、做瑜伽等复杂任务	工厂或者家庭服务等场景
小米科技有限责任公司	2022年8月 CyberOne	CyberOne身高为177cm，质量为52kg，能感知45种人类语义情绪，分辨85种环境语义,具有21个关节自由度	具有高情商，可感知人类情绪、语义，视觉敏锐、可对真实世界进行三维虚拟重建	工厂园区

续表

发布机构	发布产品时间及系列	最新产品性能指标	创新进展	未来应用场景/载体
北京理工大学	2002年汇童BRH-1 2005年汇童BRH-2 2009年汇童BRH-3 2010年汇童BRH-4 2011年汇童BRH-5 2017年汇童BRH-6 2022年汇童BRH-7 2023年8月汇童BRH-8	"汇童"身高为165cm，质量为55kg，整身拥有26个自由度，最快奔跑速度为7.2km/h，跳跃高度超过0.5m，跳远距离达到1m	采用自主研发的电机、减速器、关节等核心零部件，突破了基于高速视觉伺服的灵巧动作控制、全身协调自主反应等关键技术	—
清华大学	2023年8月小星	小星质量为28kg，身高为120cm，加上双手后，全身上下具有34个自由度	具有一体化系列关节，在保证外表美观的同时，结构强度和稳定性也更高	服务
浙江大学	2023年8月悟空-4	悟空-4身高为140cm，质量为46kg，最快运动速度超过6km/h，能跳跃至25cm高度台阶并稳定落地	在路面打滑和外部推力干扰等未知扰动下，可快速恢复平衡并保持稳定行走，同时实现了三维环境地图构建和自主动态导航	—
智元机器人	2023年8月"远征A1"	"远征A1"身高为175cm、质量为55kg，整机自由度超过49个，步速为7km/h	配备的"灵巧手"，可替换成螺丝刀、电钻等工具；腿部采用反屈膝设计	工厂和服务等场景
深圳市优必选科技有限公司	2016年Alpha机器人 2019年第二代Walker 2021年Walker X 2021年9月熊猫机器人优悠 2023年8月最新版Walker X 2023年12月Walker S	Walker S身高为170cm，比上一代更加苗条，将主要应用于工业领域，预计后续可能会进入到工业制造场景提供服务	搭载自主研发的"人形机器人智能多模态交互系统"，自主运动及决策能力大幅提高	商用服务、家庭服务，以及新能源汽车、3C、智慧物流等场景
达闼科技（北京）有限公司	2022年9月Ginger2.0 2023年8月XR4（七仙女）	七仙女身高为165cm，质量为65kg，采用轻质高强度的碳纤维复合材料，拥有60个智能柔性关节	实时接入达闼云端大脑，通过多模态大模型RobotGPT赋能	服务

续表

发布机构	发布产品时间及系列	最新产品性能指标	创新进展	未来应用场景/载体
追觅科技（苏州）有限公司	2023年3月通用人形机器人	身高为178cm，质量为56kg，全身共44个自由度，单腿有6个自由度，可以完成单腿站立，实现了高度仿生	交互方面则配备了深度相机，能够进行室内3维环境的建模，集成了AI大型语言模型，保证了对话沟通的高质量	服务
上海傅利叶智能科技有限公司	2023年7月GR-1	身高为165cm，质量为55kg，行走速度为5km/h，全身共40个自由度，可负重50kg	采用自研FSA高性能一体化执行器，拥有强大且灵活的运动性能	工业、康复、居家、科研等场景
杭州宇树科技有限公司	2023年8月UnitreeH1	身高为180cm，质量为47kg，行走速度为1.5m/s	具备全球最高动力性能和出色的性价比，拥有360°全景深度感知能力，能够在复杂地形和环境中自主行走和奔跑	服务、工业等场景
小鹏汽车	2023年10月	PX5身高仅为15cm，灵巧手集成了末端的触觉感知，单手重量仅为430g、11个自由度，双指夹指保持力为1kg，采用了超轻量级仿人机械臂，具备7个自由度，重复定位精度为0.05mm，单臂最大负载3kg、自重5kg	具备室内外双足行走及越障碍运动能力，拥有仿人灵巧手，可展示双臂协作精准倒水、拿小物品、抽纸巾等动作	小鹏工厂进行生产制造，或者小鹏零售门店提供销售服务

数据来源：赛迪智库根据公开资料整理，2024年1月

人形机器人研发技术已积累多年，研发成果显著进步，人工智能等相关技术也开始步入快速发展阶段。未来，人形机器人集成人工智能、高端制造、

新材料等先进技术，有望成为继计算机、智能手机、新能源汽车后的颠覆性产品，将深刻变革人类生产生活方式，重塑全球产业发展格局。需要从技术、应用等方面前瞻部署，实现创新成果应用落地。**一是加强关键核心技术联合攻关**。人形机器人重点突破人工智能大模型"大脑"、运动控制"小脑"、非结构环境运动自适应、拟人多模态感知、智能一体化高性能驱动关节、仿人机械臂、灵巧手和腿足等关键技术，重点突破人形机器人整机平台、芯片、仿真平台、底层模型、超算中心、检验检测平台等基础共性技术，攻克高精度传感器、高功率密度执行器等核心零部件，打造整机、大模型、开发工具链、开源 OS 等开放的产业生态。构筑人形机器人通用整机平台，推出电驱动、液压驱动或混合驱动人形机器人，加快部署在医疗、家政、3C、汽车、警戒守卫、民爆、救援等场景应用。**二是构建开放融合的产业链生态，加速人形机器人场景应用培育**。鼓励行业组织建设软硬协同的通用型仿生机器人开源创新平台，通过统一的系统接口，以及应用开发、运行环境，有效降低开发和运营仿生机器人应用的技术成本；构建并完善仿人机器人制造业产业链，凝练关键技术、物料、企业、制造装备、质量、标准、关键软件等清单，精准推进稳链强链。聚焦智能制造、场所巡检、养老陪护、家庭陪伴等应用场景，通过国家及省市级首台（套）重大技术装备目录，给予示范应用推广支持，提高技术水平和应用效果，为产业发展提供有力支撑。建立人形机器人试验验证平台，指导机器人领军企业、用户、国评中心、高校院所等共建人形机器人试验验证平台。以实际场景作业需求为牵引，促进国产核心零部件的适配验证，推动整机产品迭代升级和产业化落地。

2. 四足机器人

四足机器人具备的计算机视觉和智能交互特性，有机会成为个人和家庭智能服务场景中新的增长方向。四足机器人是一种仿生机器人，设计灵感来自动物的四肢运动，通常由四条腿组成，每条腿都配备了至少一个电机和传感器，以便机器人可以感知其周围环境并移动。四足机器人技术主要包括机械设计、控制算法、传感器和执行器等方面[①]。近年来，四足机器人发展迅速，展现出高动态运动能力、高环境适应性、多运动模式等特点。四足机器人能够适应不同复杂地形、天气的高机动性和灵活性，能够替代人类在许多特殊或高危环境中工作，更加适应各种复杂环境和任务需求。在农业、工业领域，以及特定的安防巡检、勘测探索、公共救援等场景有着巨大的应用潜力。

国外对四足机器人的研究起步早、基础厚、水平高，对四足器人的驱动方式、运动形式、稳定依据判定等存在技术分歧的部分都进行过各种技术探索与科学尝试，多传感器融合技术也得到过初步验证。1968 年，美国通用电气公司设计和生产了 Walking Truck 的四足机器人，它是首个采用四条相似机械腿与主体结构相连的机器人。机械腿由 3 个旋转关节构成，提供 3 个自由度，使机器人能够进行足端的双向旋转和一个方向的直线移动[②]。随后，在 2005 年，美国波士顿动力公司开发了 Big Dog 的四足机器人，具备 12~16 个主动自由度。Big Dog 通过液压系统来实现运动。波士顿动力公司后又研制出 Little Dog、Spotmini 四足机器人，Spotmini 机器人身高为 84cm，质量为 30kg，最大负载为 14kg，由电池供电、电气驱动，采用 3D 视觉系统，有 17 个关节点。

近年来，我国四足机器人在行进速度、负载能力等硬性指标上，以及针对地形和扰动的自适应控制技术方面均得到较大提升。2023 年，云深处最新发布的绝影 Lite3 四足机器人拥有高精度绝对式编码器和轻量化机壳的一体化设计，可负载 7.5kg 持续行走 90min，最大续航里程达到 5km，具备 AI 智能识别和自主任务规划功能，可为电力与管廊巡检、应急救援与侦察、建筑测绘等多领域提供高效专业的行业解决方案。宇树科技最新推出的 UnitreeGo2 四足机器人，配备 4D 超广角激光雷达，融合大模型 GPT，可模拟真实宠物狗的追球与捡球等动作，同时兼顾全地形状态下的奔跑，最大奔

---

① 丁良宏. BigDog 四足机器人关键技术分析[J]. 机械工程学报，2015, 51(7): 1-23.
② 张哲. 一种四足机器人的机构设计与分析[D]. 秦皇岛：燕山大学，2018.

跑速度可达 5m/s。追觅科技推出的 EameOne 二代，升级到了 15 个自由度，是目前行业内拥有自由度最多的四足机器人产品，搭载了 12 组高性能伺服电机、澎湃算力及多种传感器，可实现语音、视觉、触觉等多模人机交互。总体来看，四足机器人经历了从"技术"到"应用"的发展阶段，其主要创新进展如表 5-5 所示。

表 5-5　四足机器人主要创新进展

发布机构	发布产品时间及系列	最新产品性能指标
波士顿动力	2004—2010 年 BigDog 大狗机器人 2009—2010 年 LittleDog 小狗机器人 2011—2012 年 AlphaDog 阿尔法狗 LS3 2015 年早期 Spot 2017—2021 年 SpotMini	SpotMini 机器人身高约为 84cm，质量约为 30kg，能够携带约 14kg 的物品自由走动或奔跑。其设计较为紧凑，头部装备一副可动的机械臂，其顶端是一个灵巧的夹具，能够精确地操纵物体。其通过液压系统来驱动，能够精细控制每一个肢体动作，从而实现身体的灵活移动[1]
追觅科技（苏州）有限公司	2021 年 EameOne 2023 年 EameOne 二代	EameOne 二代升级到了 15 个自由度，是目前行业内拥有自由度最多的四足机器人产品之一，搭载了 12 组高性能伺服电机、澎湃算力及多种传感器，可实现语音、视觉、触觉等多模人机交互，能够完成爬坡、上楼梯、跨越障碍、后空翻、跳舞等高难度动作，并精准判断多种地形，可适应复杂环境
杭州云深处科技有限公司	2018 年绝影 Pro 2019 年绝影 X10 2020 年绝影 Mini 2021 年绝影 Lite2 和绝影 X20 2023 年绝影 Lite3	绝影 Lite3 四足机器人拥有高精度绝对式编码器和轻量化机壳的一体化设计，可负载 7.5kg 持续行走 90min，最大续航里程达到 5km；具备 AI 智能识别和自主任务规划功能，可为电力与管廊巡检、应急救援与侦察、建筑测绘等多领域提供高效专业的行业解决方案
杭州宇树科技有限公司	2013—2016 年 XDog 2016 年 Laikago 2020 年 A1 2021 年 Go1 2023 年 Unitree Go2	Unitree Go2 四足机器人，标配 4D 超广角激光雷达，融合大模型 GPT，可模拟真实宠物狗的追subject与捡球等动作，同时兼顾全地形状态下的奔跑，最大奔跑速度可达 5m/s；拥有不俗的运动能力与平衡能力，可适配不同地形，包括正向上下楼梯、跳跃、倒立、握手、空翻等多种动作姿态

---

[1] 刘京运. 从 Big Dog 到 Spot Mini：波士顿动力四足机器人进化史[J]. 机器人产业，2018(2):109-116.

续表

发布机构	发布产品时间及系列	最新产品性能指标
小米科技有限责任公司	2021年 CyberDog 2023年 CyberDog2	新一代仿生四足机器人 CyberDog2，接近真狗外形，AI自主学习模拟3万只机器狗并行训练，采用了AI自研平衡动态算法、AI多模态融合感知决策系统，保证了强大的运动能力和对微小动作的掌控能力，奔跑速度可达1.6m/s，可以前跳、后跳、作揖，还能完成后空翻、太空步和芭蕾舞步等较为复杂的动作

数据来源：赛迪智库根据公开资料整理，2024年1月

随着技术的不断进步和应用场景的不断拓展，四足机器人的成本也将逐渐降低，使得更多的人能够享受到科技带来的便利和乐趣。未来需要加快技术的突破，形成规模应用发展态势。

一是重点突破四足机器人核心技术。复杂路面控制技术。依托倒立摆与弹簧负载的模型，运用优化算法对力量进行分配，结合多项传感器技术，确保四足机器人在草地、泥泞等不同复杂路面上的行走稳定性[1]。**融合感知重规划技术。**开发基于障碍物数据的重规划机制，通过重新确定机器人的着脚点和动作路径，设计专门的跨越障碍物控制器，使机器人能够动态地跨越台阶、壕沟、凸台、凹坑及楼梯等复杂地形。**步态自学习生成与控制技术。**在仿真虚拟环境中进行迭代学习和错误校正，利用速度和姿态等参数构建奖惩函数，训练四足机器人稳定站立和顺畅行走。通过引入随机性扰动，使其展现出多种适应性步态，并拥有自我进化的特性。探索将ChatGPT整合到四足机器人中，研究大型模型对机器人控制的可能性。

二是进一步拓展应用产业生态。挖掘四足机器人在军事、救援、工业生产等领域的潜力，提高其在特定任务中的效率和实用性。积极探索四足机器人在新领域的应用可能性，如家庭服务、医疗护理等，满足多样化服务场景需求。根据不同行业和用户的需求，提供定制化的四足机器人解决方案。完

---

[1] 江磊. 针对四大需求特性推动足式机器人技术攻关[J]. 机器人产业，2023(4): 9-11.

善四足机器人产业生态。制定和完善四足机器人的技术标准、安全标准和应用规范，促进产业的健康和可持续发展。建立针对四足机器人的检测认证体系，制定详细的标准和规范，确保产品在机械性能、电气性能、软件算法等方面的质量和安全性能符合要求。建立四足机器人产业联盟或交流平台，促进跨行业的交流与合作，加强机械设计、人工智能、芯片、控制系统、传感器、电池、仿真软件等软硬件技术融合创新。

3．软体机器人

软体机器人是一种新兴的机器人技术领域，采用更加智能、柔顺、生物兼容的材料和结构，来构建具有新形态、新功能和新特性的机器人系统[①]。软体机器人因具备柔韧性、顺应性与大变形能力，可高效、安全地与非结构化环境和自然界生物进行交互。通过模仿自然界柔性生物体的设计理念，使用柔性材料制作的仿生软体机器人能够通过不同结构、不同形态变化，实现抓取、爬行、跳跃、滚动、游动等不同的运动模式。相较于传统的刚性机器人，软体机器人的最大优势在于韧性好、体积小，可以适应非结构化的复杂环境，可以用于探索未知环境、监控环境变化、抓取物品等场景。例如，重灾区探险救援甚至外太空探索等；在医疗领域，可在医疗微创手术、人体骨骼补充、人工心脏等方面发挥作用。软体机器人可作为新型医疗检测机器人，如内窥镜，它会随口腔、排泄腔的入口大小发生变化，减少患者的侵入性痛苦，与此同时，若采用能够生物分解的材料，当软体机器人完成任务后可被人体分解吸收。随着软体机器人技术的不断完善，其应用领域也越发广泛。柔性材料的开发、智能控制系统的设计、机器人的感知技术等关键技术的不断创新和发展，为软体机器人的应用场景提供了更多的可能性。同时软体机器人技术的不断发展也将带动相关领域的技术创新和发展。软体机器人是仿生机器人研究的延续，软件机器人出色的灵活性和对环境的强适应能力，使

---

① 王田苗，郝雨飞，杨兴帮，等. 软体机器人：结构、驱动、传感与控制[J]. 机械工程学报，2017，53(13): 1-13.

其在工业生产、医疗、特种应用、军事等领域具有广泛的应用前景。

20世纪90年代初期，来自日本东京大学的研究团队提出了仿生软体机器人的概念，基于水压驱动的软体机器人原型由此产生。2007年，美国国防高级研究计划局提出了研究化学机器人Chembots的建议，Chembots是一种柔韧的可移动载体，能够通过比自身常态尺寸小的通道，即可重构自身形状和尺寸，携带有效载荷完成一定任务。Chembots综合应用材料化学和机器人学，是一种中尺寸软体机器人。2009年2月，由欧洲5个国家的7家研究机构成立了章鱼项目组，项目经费约为1千万欧元，计划四年内完成。项目组致力于研究章鱼传感和驱动原理，建立全柔体的仿生章鱼机器人原型，探索研制软体机器人的新方法、新技术、新科学。目前，国外比较典型的软体机器人有美国国防高级研究计划局资助下 Tufts 大学研制的仿毛虫（烟草天蛾幼虫）软体机器人及 iRobot 公司研制的 Blob bot、日本早稻田大学桥本周司应用物理实验室研制的基于化学凝胶的仿生尺蠖、日本立命馆大学研制的基于形状记忆合金（Shape Memory Alloy, SMA）的蠕动跳跃机器人等[1]。软体机器人的发展备受关注，并且不断地得到完善和改进。

国内对软体机器人的研究虽然起步较早，但研究工作的延续性、系统性不强。1999年，上海交通大学的马建旭等提出了一种适用于微小软管移动的蠕动式微机器人，可以在直径20mm的管道中蠕动前进，但受SMA冷却时间的限制，最大运动速度仅为15mm/min。2011年，中国科学技术大学的杨杰等设计的基于记忆合金驱动的软体机器人具有滚动、爬行、蠕动3种运动形式，并引入了运动形式切换的思想。另外，还有浙江大学设计的仿生虹蚓、哈尔滨工业大学设计的柔性单元、同济大学设计的仿章鱼臂柔性体机器人等[2]。之江实验室与浙江大学合作的仿生深海自驱动软体机器人，率先实现了软体机器人在万米深海操控以及深海自主游动实验。软体机器人主要创新进展如表5-6所示。

---

[1] 曹玉君，尚建忠，梁科山等. 软体机器人研究现状综述[J]. 机械工程学报，2012, 48(3): 25-33.
[2] 闫东. 智能流体驱动系统及仿蠕虫软体机器人研究[D]. 唐山：华北理工大学，2021.

表 5-6 软体机器人主要创新进展

发布机构	发布产品时间及系列	最新产品性能指标
中国科学院宁波材料技术与工程研究所	2023 年 水凝胶软体机器人	水凝胶软体机器人能实现全地形越野多维运动，还能作为"马达"，搬运比自己重很多倍的货物。该机器人通过模仿尺蠖在树枝上爬行，从而适应地形的变化，并成功穿越隘口、山谷及山脊等一系列复杂地形
北京软体机器人科技股份有限公司（SRT）	2016—2023 年 柔性夹爪、人工心脏、手功能康复训练一体机等	在智能制造细分领域，推出 SRT 手机贴膜解决方案、汽车灯罩/玻璃杯抓取解决方案，演示了应用于复杂工序环境中的上下料及搬运过程。在康复医疗领域，SRT 重点展出两款手部康复训练产品。手部被动分指运动康复训练器 H1000 将软体机器人技术与康复领域的辅助康复疗法相结合，可辅助患者完成抓、握、捏等精细动作。在半导体领域，SRT 聚焦晶圆后道制程工艺与设备研发，主要展示了应用于晶圆传输的专用机械臂，以及适用于晶圆传输各种应用场景的全自动晶圆分选设备

数据来源：赛迪智库根据公开资料整理，2024 年 1 月

专栏 5-11　软体机器人典型企业案例

德国费斯托 Festo 是一家工业控制和自动化公司，创建于 1925 年，以制造各种异想天开的仿生机器人而闻名。这些仿生机器人不仅包括天上飞的，而且包括水里游的和地上跑的。过去，Festo 先后展示过仿生蜻蜓、仿生蝙蝠、仿生蝴蝶、仿生水母、仿生蜘蛛、仿生袋鼠、仿生雨燕等"黑科技"。

北京软体机器人科技股份有限公司（SRT）是国内首个突破软体机器人产学研全链条关键技术的创新型科技公司。该公司基于软体机器人技术开发的柔性夹爪，能够模仿人手的简单重复劳动，实现工业生产中近 96% 异形、易损物品的抓取搬运，解决了工业自动化生产"最后一厘米"难题，是实现智能化升级的关键零部件。同时，该公司还拥有先进的机器视觉 AI 技术、结合软体气动肌肉及康复医学理论的康复系统等。目前，该公司产品已涵盖工业末端执行器、工业数字化装备及数字化解决方案、康复

用外骨骼机器人、教育智能制造人才培养解决方案等。

威海星空软体机器人科技有限公司致力于推进软体机器人的产业化，让软体机器人从学术走向工程。该公司依托哈尔滨工业大学（威海）机器人研究所在软体机器人方面多年的研究基础，聚焦软体机器人在复杂设备内部探测方面的应用。软体机器人可进入充满障碍的狭小空间，到达刚体机器人无法到达的区域，并可携带检修工具完成检修任务，从而避免设备拆解。该公司已开发出可进入核电设备 CRDM（控制棒驱动机构）内部完成裂纹检测的软体爬壁机器人，以及可进入爆炸物内部拆弹排爆的软体机械臂。

目前，软体机器人的研究尚处于起步阶段，主要以生物模仿和实验为主，短期内还未实现大规模应用，需要在材料、驱动方式、建模理论、控制方法等方面进一步创新。我国软件机器人的发展水平与国际领先水平基本保持同步，未来需要在基础研究和应用探索等方面发力。**一是基础技术研发与创新**。软体机器人技术涉及到多个方面，包括材料创新、智能感知、驱动方式、人机交互、应用拓展及安全与可靠性等。鼓励和支持企业、研究机构在软体机器人技术上持续投入资源，加强核心技术的研发与创新。重点突破材料、感知、驱动、控制等关键技术，提升软体机器人的性能和功能。通过不断研究和创新，软体机器人有望在各个领域发挥更大的作用和价值，为人类的生产和生活带来更多的便利和效益。**二是拓展应用场景**。积极探索软体机器人在各个领域的应用可能性，如医疗、康复、服务、教育等。针对不同行业和用户的需求，开发具有特色的软体机器人产品。加强软体机器人的市场应用推广，注重完善相关检测机构、知识产权等公共服务，形成健康的产业生态。

4．微纳机器人

微纳机器人是一个新兴的技术领域，与其他机器人相比，其更加微型化、智能化、仿型化、多功能化，为解决国家重大工程、重大科研等领域问题，提供了更加有效的新型装备。微纳机器人是新型智能机器的一种，能在微米/纳米尺度上完成特定运动（如旋转、螺旋形运动等）的微米/纳米尺寸器件，能够将外界能量（如化学能、光能、磁能、声能等）转化为自身机械能[①]。微纳机器人关键技术，即利用外部的能场、磁场、电场或者声场来操控具有特殊性质的微小结构，在视觉导航下实现精密运动，使微纳机器人具备自驱动、自感知、自控制能力的技术。根据驱动微纳机器人的能量性质不同，可划分为化学驱动微纳机器人、光驱动微纳机器人、超声驱动微纳机器人、电驱动微纳机器人、磁驱动微纳机器人。

微纳机器人已发展为一个新的前沿热点研究领域，是微纳生物学中最具有吸引力的部分。目前，在微纳机器人研究方面比较领先的国家包括美国、德国、以色列、瑞士、日本及中国。在 ACS Nano、Advanced Materials、Science Robotics、Nature Nanotechnology 等微纳机器人领域顶级期刊发表文章的数量、质量、实验研究进展上，中国跟欧美等发达国家处于同一水平。微纳机器人主要创新进展如表 5-7 所示。

表 5-7　微纳机器人主要创新进展

时间	研究机构	创新进展
2010 年	美国哥伦比亚大学	哥伦比亚大学的研究团队成功研制的"纳米蜘蛛"机器人，其能够在二维物体表面自由地跟随 DNA 的运行轨迹自由地行走、移动、转向及停止
2012 年	美国哈佛大学	哈佛医学院 Wyss 生物启发工程研究所 GeorgeChurch 研究团队，利用 DNA 折纸术，制造了一种并由适体编码的、逻辑门控制的自主 DNA 纳米机器人，将 DNA 股折叠在一起成为复杂的形状
2013 年	日本东北大学	日本东北大学的研究团队选取源自艾滋病毒缩氨酸微片制作成微粒子，并植入动力蛋白质，使其可以在细胞表面移动。利用粒子中缩氨酸的刺激作用和细胞吞噬物质的特性，使粒子成功进入细胞
2016 年	瑞士洛桑联邦理工学院	瑞士洛桑联邦理工学院开发了一种可重构细菌微型机器人。其可以高产量制造，由生物相容性水凝胶和磁性纳米粒子制成。可通过电磁场远程控制机器人的移动，并利用热量使它们变形
2017 年	以色列理工学院	以色列理工学院罗素·贝里纳米科技研究所制备出一种在凝胶中（透明质酸凝胶液）可以移动的微小螺旋形状的螺旋桨纳米机器人，由硅和镍制成的细丝组成，直径为 70nm、长度为 400nm，可在体外通过磁场驱动

[①] 袁帅，王越超，席宁，等. 机器人化微纳操作研究进展[J]. 科学通报，2013, 58(S2): 28-39.

续表

时间	研究机构	创新进展
2017年	香港中文大学、英国曼彻斯特大学	香港中文大学和英国曼彻斯特大学推出了一款可生物降解的纳米机器人,其由螺旋藻、铁磁涂层制成
2018年	国家纳米科学中心、美国亚利桑那州立大学	国家纳米科学中心联合美国亚利桑那州立大学研发了一种基于DNA折纸技术制成的纳米机器人,可以用携带凝血酶精准定位到肿瘤细胞,阻断血液供应来影响肿瘤的生长和转移,进而有效杀死肿瘤细胞。该技术在多种小鼠肿瘤模型中取得了较好结果的同时没有引起明显的免疫反应;该技术可用于多种类型癌症
2019年	南京师范大学	南京师范大学开发了一种血小板膜修饰、可自主运动的多级孔纳米机器人,用于连续靶向给药以实现短期溶栓和长期抗凝的目的。在体外测试条件下,该纳米机器人在血栓中的穿透深度是无运动能力粒子的3倍左右;该纳米机器人在血栓中的滞留率从15%提高到26%左右
2021年	北京理工大学	北京理工大学智能机器人研究采用单一可降解生物材料实现微机器人在环境感知下的自形变,从而解决微纳机器人在人体等活体封闭环境下进行无创采样、运输、投递与回收等一体化作业的难题
2021年	北京航空航天大学	北京航空航天大学冯林团队开发了一种基于活巨噬细胞作为药物递送载体的三维磁控细胞机器人系统。这套系统由磁操作平台和磁化微纳机器人两部分组成。当磁控细胞机器人进入体内时,可以通过体外操作平台,将磁控细胞机器人精准递送至肿瘤部位,实现靶向给药
2022年	中国科学院沈阳自动化研究所	中国科学院沈阳自动化研究所,在飞秒激光微纳加工领域及生物学应用取得新进展,构建了双波长飞秒激光加工系统,可实现大范围、三维高精度微纳加工。针对细胞行为学和细胞团簇捕获的研究需求,提出了单脉冲飞秒激光双光子聚合方法,结合毛细力自组装原理,制备了三维微图案化微结构阵列,实现了MCF-7细胞的选择性生长调控
2022年	美国康奈尔大学	美国康奈尔大学团队开发了一种人造纤毛超表面,可在微米尺度独立地控制上千个纤毛,并实现对流体的精准操控。这是国际上首次集成了纳米驱动器和集成电路的器件,并且实现了无线供能和操控,只需在阳光下就能持续工作。人造纤毛有望应用于驱动微纳机器人的游动
2022年	瑞士苏黎世联邦理工学院	瑞士苏黎世联邦理工学院基于马达蛋白的工作机制设计了一种磁性人工微管。在人工微管的引导下,磁性微纳机器人可以在体内复杂的环境中克服血流阻力,像细胞内微管上的分子马达蛋白一样稳定运行,从而实现精准给药

数据来源:赛迪智库根据公开资料整理,2024年1月

专栏 5-12　微纳机器人典型企业案例

美国布鲁克公司致力于让科学家能够取得突破性发现，并开发新的应用以提高人类生活质量。布鲁克的高性能科学仪器，以及高价值的分析和诊断解决方案使科学家能够探索分子、细胞和微观层面的生命和材料。凭借与客户的密切合作，布鲁克公司在生命科学分子研究、应用和制药应用，以及显微镜、纳米分析和工业应用等领域实现了创新突破，拥有诸多客户成功案例。近年来，布鲁克公司也成为细胞生物学、临床前成像、临床影像学和蛋白质组学研究、临床微生物学和分子病理学研究的高性能系统的提供者。

微纳动力（北京）科技有限责任公司成立于 2022 年，主要涉及微纳机器人技术及非接触式场控技术领域，是集高端细胞分析仪器、医疗设备研发、生产、营销和服务于一体的高新技术企业。单个微纳机器人仅有细胞大小，内部携带着治疗肿瘤的药物，依靠精准的磁控技术，可以控制成千上万个微纳米机器人精确达到患者的肿瘤位置，定点放药，使药物最大程度地富集肿瘤区、清除肿瘤，降低毒副反应。

天津纳微机器人科技有限公司专注于纳米级精度控制技术和产品的研发，围绕微纳操作机器人、微纳定位、微纳测试及微纳制造装备技术，致力于成为高校及科研院所的科学研究、创新研发等提供系统的技术解决方案的专业服务商。该公司主要研发和设计微纳定位系统及电容位移传感器；对专用的微纳操作机器人、微纳定位平台、微纳测试系统及微纳制造装备进行定制研发。

江苏集萃微纳自动化系统与装备技术研究所有限公司是由江苏省产研院、苏州高铁新城、核心团队三方合作共建的以企业化方式运营的新型研发机构。以微纳操控、微纳加工和微纳测量等关键共性技术为研发方向，面向生物医药、新材料、信息技术等新兴产业应用市场，在精密仪器、视觉智能、医疗器械、微纳增材、半导体装备、智能装备等领域开展创新研发、人才培养、企业孵化，以及科技成果转化。

中科院沈阳自动化研究所微纳米课题组围绕小尺寸机器人，从毫米级、微米级到纳米级机器人开展了一系列研究，在磁驱动毫米机器人、光驱动毫米机器人、热驱动毫米机器人、气泡微米机器人、细胞微米机器人、混合驱动纳米机器人等方面取得了具有重要科学意义和应用前景的研究成果。

南京微纳科技研究院致力于整合全球微纳技术领域创新资源，立足新一代信息技术、智能消费和大健康等领域，提供全球顶尖的微纳加工和器件集成技术及产品。该研究院专注于以重大原创性、深科技、产业化为导向的微纳科技相关项目研发。该研究院深耕微纳科学领域，引入国际一流的研发领军人物及团队，借助传统理论推动现代化创新发展，围绕"NANO+"的科技范式，主要从事以"深科技"为核心，在光学、电学、声学等传统学科基础上结合现代科学，形成多个以现代人类新需求为导向的前沿研发方向；尤其是有重要应用背景的新型微纳设备和系统的产品研发，加速相关技术的推广，孵化新型产业。

微纳机器人目前的应用场景主要集中在先进制造、生物医药等领域。**在先进制造领域中**，微纳机器人由于具有高精度、低功耗、集成度高、灵活度高的特点，可进行精密装配、精细加工等工作。目前，微纳机器人在精密装配方面被广泛用于集成电路的生产、检测和组装等过程中。航空发动机、汽车、机床等生产设备在运行过程中，需要定期进行维护和保养。由于微纳机器人具有自我修复能力，因此可以在不破坏生产设备内部结构的情况下实现设备的维护和保养操作。例如，可以利用微纳机器人在表面清洁方面的优势，对生产设备进行清洗和抛光；通过微纳机器人的机械臂对生产设备表面进行清洁，达到节约人力成本、提高生产效率、降低产品缺陷率的目的。**在生物医药领域中**，微纳机器人可以进行疾病诊断和治疗，从血液样本中检测微小病变。目前，微纳机器人在生物医药领域的研究，主要集中在两个方向。一是如何实现微纳机器人在人体内部的移动；二是如何实现对微纳机器人的远程控制。与传统医学诊断方法相比，微纳机器人可以通过皮肤直接与患者体内的微流通道相连，从而进行实时动态监测。此外，由于微纳机器人具有"自组织"特性，还能够实现自我修复和自我调节。目前，基于微纳米加工技术、生物物理、生物材料等多学科领域的交叉发展融合，逐步研发出多种微纳机器人，实现在生物体内的微米尺度可控操作。通过微纳米加工、小型化等技术已制备得到了多组分、多形态的智能微纳机器人，包括中空微管、螺旋微纤维、Janus 微球、微针、微爪、仿生细菌纤毛状、生物膜包裹等。由于智能微纳机器人具有体积小、可无线操控、灵敏度高、可负载药物等优势，可在生物体系统中借助信号反馈系统实现对其所处生理环境的判断，并结合体外操控系统实现智能调控和可控释放药物及微纳米尺度操作等。智能微纳机器人已在生物医学领域，包括疾病标志物检测、细胞/药物靶向递送、微米尺度操作、生物成像、生物传感等方面，展现出巨大的应用潜力。未来，微纳机器人的使用场景将逐渐趋向于精确化、狭窄化和复杂化，特殊任务场景的需求必然加速微纳机器人向小尺寸和高精度方向发展，其中关键是机电系统的微型化。通过将驱动装置、传动装置、传感器、控制器和电源等部件进行高度集成，可实现机器人的整体微型化。随着人工智能技术的发展，微纳机器人已从传统的纯机械式向智能化过渡[①]。微纳机器人的智能化主要体现在执行任务的多样化、完成动作的人性化、控制水平的精确化等，这些有利于其具备更加完美的生理机能，更加安全地完成任务。微纳仿生机器人的外形与所模仿生物具有高度相似性。机器人仿形化有助于其在军事侦察、掩护等作战场景更加隐蔽、安全地完成任务。未来使用场景的多样化必然使微纳仿生机器人向多功能化的方向发展。目前，人们已开发出蠕动机器人、蛇形机器人、爬壁机器人等形式多样的仿生机器人，独特的运动形式有助于其在不同环境中完成特定的任务。

当前，国内对微纳机器人的研究仍停留在样机层面，尚未达到产品级。

---

① 门宝，范雪坤，陈永新. 仿生机器人的发展现状及趋势研究[J]. 机器人技术与应用，2019(5): 15-19.

想要实现像微纳机器人药物释放这样的功能,仍然需要大量的科学仪器、科学实验和资金支撑。我国仍存在很多技术不足,包括定位技术的稳定性不足、洁净间技术不成熟、隔振环境抗干扰能力不足等,仍需大量的资金的投入,不断推进微纳机器人发展。**一是持续加强技术创新**。加大对微纳机器人技术研发的投入,聚焦微纳机器人的材料、制造、驱动、感知与控制等关键技术创新,突破微纳机器人的定位、成像和操作技术。鼓励企业与研究机构合作,共同开展微纳机器人的研究和开发。**二是加强产学研合作**。建立公共的微纳机器人研发平台,提供技术咨询、培训和资源共享等服务。加强产学研合作,共享技术资源和研究成果,加速微纳机器人的研发进程。举办学术交流活动,促进微纳机器人领域的学术交流与合作。**三是拓展应用领域**。微纳机器人在医学、科学和工业等领域中有着广泛的应用前景,须积极探索微纳机器人在生物医学、环境监测、农业、光学等其他重要领域的应用。

(二)抢占高端领域新优势

从机器人大国向机器人强国的转变需要在机器人产/销量方面占据全球重要市场份额,不仅要抢占国内市场,而且要在全球市场中拥有一席之地。目前,工业机器人和物流机器人是规模总量最具竞争优势的细分领域。2023年,我国工业机器人产量为43万套,出口金额为7.36亿美元,物流机器人出海势头强劲,以电商为代表的物流机器人在海外市场快速发展。总体来看,我国工业机器人还处于中低端水平,高端产品应用市场依然被外资品牌占据,自主品牌工业机器人占新增装机量份额的30%左右,国内工业机器人在发展,国外工业机器人也在发展,不进则退,慢进也是退,要实现机器人强国,工业机器人必须向高端化迈进。

1. 工业机器人

工业机器人是加快推进新型工业化、建设制造强国的关键装备。工业机器人是指自动控制、可重复编程、多用途的操作机,可对三个或三个以上轴进行编程，可以是固定式或移动式，主要在工业自动化中使用。工业机器人可以辅助甚至替代人类完成危险、繁重、复杂的工作。随着机器人技术的发展，工业机器人逐步具备人和机器的特长，既能够像人一样，具备对环境状态的快速反应和分析判断能力，又具备机器可长时间持续工作、精确度高、抗恶劣环境的特点。工业机器人按用途可分为搬运/上下料机器人、焊接机器人、喷涂机器人、加工机器人、装配机器人、洁净机器人和其他工业机器人。搬运、焊接、装配、洁净等领域是机器人的主要应用领域，其中搬运机器人占据主导地位。2022年，全球搬运机器人装机量占全球工业机器人装机量的48%，位居第一。从应用领域看，电子电气、汽车是工业机器人的主要应用领域，约有53%的工业机器人被用于这些领域中。近年来，协作机器人装机量增速迅猛，占工业机器人装机量的比重正在快速增大。2022年，全球协作机器人装机量为5.5万套，同比增长31%，占全部工业机器人装机量的比重为10%。

我国工业机器人初步形成了核心零部件、整机和系统集成相对完整的产业链。在核心零部件领域，我国企业逐步获得国内外客户的认可。例如，我国涌现出秦川机床、环动科技、南通振康、中大力德等一批RV减速器厂家。核心技术逐步取得突破，如国产RV减速器厂家对标纳博特斯克的RD2系列一体机产品，完成了E系列和C系列多款型号RV减速器的开发和量产，国产RV减速器在高性能焊接机器人和大负载机器人减速器领域实现应用。但国产RV减速器生产企业市场占有率仍与纳博特斯克、住友等国外头部企业存在较大差距。谐波减速器方面，我国绿的谐波、来福谐波等多家谐波减速器厂商实现量产，产品性能和稳定性达到国际水平，但哈默纳科等主流国际品牌仍占据全球市场主导地位。在整机领域，我国机器人整机性能稳步提升，功能日益丰富，产品结构不断优化，部分产品具备参与国际竞争的能力，并逐步获得用户认可。搬运和上下料、焊接和钎焊、装配与拆卸是我国自主品牌工业机器人的主要应用领域，自主品牌的搬运/上下料机器人市场占比已达51.1%，但其余产品品类以外资品牌为主，外资品牌市场占有率均在60%以上，其中装配及拆卸机器人外资品牌市场份额达70%以上。从用户领域看，中国电子电气和汽车领域工业机器人装机量约占总装机量的60%，但在上述领域中外资品牌市场份额占70%以上。因此，推动我国工业机器人高端化发展，是要发展高端的搬运/上下料机器人、焊接机器人、喷涂机器人、加工机器人、装配机器人、洁净机器人和协作机器人，推动我国机器人产品在高端领域的应用。

1）搬运/上下料机器人

搬运/上下料机器人是从事搬运作业的工业机器人，是应用机器人运动轨迹实现代替人工搬运的自动化产品，适用于生产线的上下料、工件翻转、工件转序等，以实现生产制造过程的完全自动化。最早的搬运机器人出现在美国。1961年，Unimate机器人被首次用于搬运作业，用装配线上卸下重型压铸部件并将其焊接到汽车车身。我国搬运机器人可追溯到1988年，即北京邮政科学技术研究所研发的邮政枢纽搬运机器人系统。搬运机器人可安装不同的末端执行器，以完成各种不同形状和状态的工件搬运工作，可以广泛应用于机床上下料，以及冲压、自动装配、码垛搬运、集装箱等的自动搬运，大大减轻了人类繁重的体力劳动。2022年，全球搬运/上下料机器人装机量达26.6万台。在我国工业机器人市场中，搬运和上下料是工业机器人应用的首要领域，2022年，工业机器人装机量同比增长35.6%，有70.3%的自主品牌机器人应用于搬运和上下料领域。近年来，我国搬运/上下料机器人聚焦细分领域加速创新步伐，不仅广泛应用于汽车、电子、金属加工等行业，还逐步渗透至锂电池、光伏等新兴行业。搬运/上下料机器人主要创新进展如表5-8所示。

表5-8 搬运/上下料机器人主要创新进展

发布时间	发布机构	产品或项目名称	创新进展
2021年11月	发那科株式会社（FANUC）	M-1000iA	FANUC推出可搬运质量为1000kg的重载智能机器人M-1000iA，该机器人可达半径为3252mm。M-1000iA采用了新型机械设计，使机器人结构更紧凑、运动范围更大，并支持手臂后翻动作

续表

发布时间	发布机构	产品或项目名称	创新进展
2022年8月	安川首钢机器人有限公司	新能源电池盒机器人智能生产线	安川首钢新能源电池盒机器人智能生产线融合了5G技术，配备了生产线管理系统和机器人物联网平台，实现了生产状态可视化、生产信息可追溯和维护保养信息预判
2023年1月	库卡股份公司	Fortec-2 Ultra	Fortec-2 Ultra是库卡第五代重载机器人系列。Fortec-2 Ultra采用双臂的结构连接，最大负载高达800kg，同级别中负载能力最强；自重低至2.2t，同级别中自重最轻；最长臂展达3.7m，同级别中臂展最长；重复定位精度为0.08mm，同级别内精度最高；此外速度、刚性、可靠性等指标均处于业界领先地位
2023年8月	埃夫特智能装备股份有限公司	ER25系列机器人	埃夫特推出ER25系列机器人新产品，该系列共有3个型号：ER25-1800、ER25-1600及ER12-2100，最大负载提升至25kg，具有更大范围的工作半径，为了适应一些极端的安装部署环境，ER25系列在升级中将本体质量降低了20%，速度提升了25%，控制柜体积相比上代产品缩小了75%，手腕干涉半径减少了15%。在光伏行业，埃夫特ER15系列机器人应用于电池片石墨舟插片，ER25系列机器人应用于电池片花篮上下料，ER50系列机器人应用于双花篮上下料，ER35-1900应用于石英舟插片，ER12-2100应用于电池片摆串，ER150-3200应用于光伏玻璃搬运，ER210-2700应用于太阳能板分档。上述产品覆盖了光伏电池片上中下游全生产流程

数据来源：赛迪智库根据公开资料整理，2024年1月

2）焊接机器人

焊接机器人主要应用于金属焊接制造领域，代替手工焊工或半自动焊工进行焊接作业。焊接机器人起源于美国。由于阿波罗计划的需求，美国麻省理工学院和IBM公司开始研发焊接机器人。1966年，IBM公司推出第一台焊接机器人。我国焊接机器人起源于20世纪80年代。1985年，哈尔滨工业大学研制出了我国第一台弧焊机器人"华宇Ⅰ型"。目前，我国是全球最

大的焊接机器人市场,弧焊机器人是销量最大的细分品类。焊接机器人主要应用于汽车制造、金属加工和机械制造、3C等行业,并逐步向其他细分领域市场拓展。安川电机、发那科、埃斯顿是我国市场的主要焊接机器人供应商。我国焊接机器人新技术新产品加速涌现,但我国焊接机器人市场主要由外资品牌主导,我国自主品牌焊接机器人市场占有率约为1/3。焊接机器人主要创新进展如表5-9所示。

表5-9 焊接机器人主要创新进展

发布时间	发布机构	产品或项目名称	创新进展
2019年10月	株式会社安川电机	MOTOMAN-SP225H中空手臂机器人	MOTOMAN-SP225H中空手臂机器人,采用扁平马达设计、搭配C型焊钳、中空管线包,进而减少与本体、工件的干涉。在有限空间内配置多种类型机器人,完成搬运、点焊及弧焊作业
2022年9月	南京埃斯顿自动化股份有限公司	ER8-1500-CW焊接机器人	ER8-1500-CW焊接机器人具备更高的运动速度、更高的重复定位精度和更高的轨迹精度等特点,可实现高精度、高速运行,满足激光焊接所需的精度和速度要求。在超高速模式下,可实现100mm/s、10mm直径圆弧焊接,焊接轨迹与理论轨迹误差小于2%
2023年8月	沈阳新松机器人自动化股份有限公司	白车身电焊机器人工作站	新松推出由4台SR210D工业机器人组成的白车身点焊机器人工作站。新松SR210D工业机器人,专为点焊应用量身定制,搭载新松基于复杂工况自主开发的新一代智能控制系统,焊接效率高达2.2s/点,实现行业领先

数据来源:赛迪智库根据公开资料整理,2024年1月

3)喷涂机器人

喷涂机器人是可进行自动喷漆或喷涂其他涂料的工业机器人,具有动作速度快、防爆性能好等特点。喷涂机器人由挪威Trallfa公司于1969年发明。20世纪90年代,喷涂机器人最早被汽车工业引入并迅速扩展到各个行业。目前,喷涂机器人应用较广泛的领域包括汽车制造、家具、3C等。2021年,我国喷涂机器人销量为6001台,同比增长41.1%。欧美、日本等发达国家和地区在喷涂机器人的研发应用上保持技术领先地位。国内汽车制造行业大部

分涂装项目均优先使用了国外喷涂机器人，国内市场主要被 ABB 集团、杜尔集团、发那科、安川电机等外企占据。我国喷涂机器人在系统可靠性、机构设计、用户体验等方面相较国外水平仍存在差距。2021 年，我国自主品牌喷涂机器人在中国市场占有率为 40.5%。喷涂机器人主要创新进展如表 5-10 所示。

表 5-10 喷涂机器人主要创新进展

发布时间	发布机构	产品或项目名称	创新进展
2016 年 12 月	杜尔集团	EcoRP E043i	EcoRP E043i 将 7 轴直接集成到涂装机器人的运动机构中，其运动灵活度和工作空间都更大。这使得机器人能够很好地到达车身上难以接近的位置。由于运动灵活度高，这款 7 轴机器人可以在许多应用中省去位移轨。因此，可以设计出更小的喷房并且可以省去轨道的投资和维护成本
2020 年 11 月	ABB 集团	FlexPainter IRB 5500-27	FlexPainter IRB 5500-27 工作范围大，灵活性高，可适用于不同的汽车车身尺寸，实现最有效利用。同时也有助于将喷涂生产线所需机器人数量减少多达 25%。由于可将喷房空间缩小多达 33%，并且无须导轨，该机器人能够显著节约厂商的资金和运营成本
2023 年 8 月	埃夫特智能装备股份有限公司	GR6150-1500 防爆喷涂机器人	埃夫特 GR6150-1500 防爆喷涂机器人使用 CBB 标准化控制单元及核心零部件、全闭环参数控制，匹配自主 AxPS 视觉系统、自主喷涂专用离线仿真软件，并通过了中国及欧盟 ATEX 防爆双认证和 CE 认证

数据来源：赛迪智库根据公开资料整理，2024 年 1 月

4）加工机器人

加工机器人是指参与产品加工工艺应用的机器人，可用于磨抛、去飞边、切割、钻削、铣削等，主要应用领域包括 3C、厨具、汽车等领域。国外加工机器人企业主要包括 ABB 集团、发那科等。国内企业包括华数机器人、埃夫特、配天机器人、珞石等。近年来，我国自主品牌加工机器人的可靠性、一致性、精度等性能在持续迭代中得到了显著提升。例如，埃夫特的打磨抛光机器人线性轨迹精度、线性轨迹重复性等核心指标与国际知名品牌水平接近。2021 年，我国自主品牌加工机器人市场占比达 45.8%。加工机器人主要创新进展如表 5-11 所示。

表 5-11　加工机器人主要创新进展

发布时间	发布机构	产品或项目名称	创新进展
2022 年 6 月	ABB 集团	OmniVance 加工单元	OmniVance 加工单元和加工软件能够为不同应用带来更高柔性，降低操作难度，如打磨、抛光、切割和表面处理等。不仅如此，单个 OmniVance 加工单元能够进行多达 8 个不同的应用操作，在严苛工作环境下的运行时长可达 20000 个小时而无须进行维护。同时，全新的加工软件可缩短设备设置时长达 92%，是市面上首款兼具自动校准和路径调整功能的加工软件，其校准时长缩短到仅 10min
2023 年 2 月	珞石（北京）科技有限公司	NB12 系列工业机器人	NB12 系列工业机器人共五款产品，其中三款为六轴机器人，负载分别为 10kg、12kg、16kg，臂展覆盖 1102～1602mm，适用于上下料、快速分拣、涂胶、打磨、抛光、去毛刺、组装、检测等应用场景
2023 年 9 月	重庆华数机器人有限公司	CR 系列工业协作机器人	华数 CR 系列工业协作机器人负载覆盖 5～16kg，臂展覆盖 785～1455mm，工业协作机器人独特的设计和自主研发的控制系统赋予了其独特的性能，不仅传承了工业机器人的高速、高精、高刚性、高可靠性，而且具备协作机器人的安全性、易用性、便捷性，广泛适用于机加工、焊接、装配、螺丝锁附、搬运、涂胶、检测等生产场景，可为用户提供高效、灵活、安全的解决方案，以适应快速多变的应用场景和市场

数据来源：赛迪智库根据公开资料整理，2024 年 1 月

5）装配机器人

装配机器人能够完成各种装配任务，可以根据程序和指令，自动完成零部件的拿取、定位、组装等工作。装配机器人广泛应用于汽车、3C、医疗器械、食品加工和航空航天等制造业领域，能够完成复杂、繁琐、需要大量重复操作的装配作业，提升生产效率和产品质量。近年来，我国装配机器人市场迅速增长，2021 年，装配机器人销量约为 4.3 万台，但我国装配机器人仍以外资品牌为主，自主品牌市场占有率仅为 16.6%。装配机器人主要创新进展如表 5-12 所示。

表 5-12 装配机器人主要创新进展

发布时间	发布机构	产品或项目名称	创新进展
2022年12月	深圳市汇川技术股份有限公司	桌面型SCARA机器人	汇川桌面型SCARA机器人以其高速、高精、结构紧凑、易编程易调试,以及"一网到底"的总线优势,可满足多品种大批量柔性生产的极致效率和成本需求。该机器人可发挥自身最大机械性能,运动节拍全系提升18%以上,最高节拍为0.325s,居同类产品第一;在天地盖产线上,产能轻松提升15.7%;在节拍全面提升的同时,负载能力也有大幅提升,全新一代SCARA负载从3kg、6kg提升至4kg、7kg,最大提升了33%;此外,搭配了负载辨识和最优轨迹算法,最高重复定位精度达±0.01mm,确保了像天地盖、手机手表组装、锂电池入壳、屏幕贴合等高精密制造工艺得以最优呈现
2023年6月	库卡股份公司	KR CYBERTECH系列机器人	库卡KR CYBERTECH系列机器人提供了丰富的低载荷类别机器人,适用于搬运和装配工件、工件质量检测、金属部件打磨和抛光等多种场景。KR CYBERTECH系列机器人的灵活性使它在各行各业大受欢迎,如电子、汽车零部件、金属加工等行业
2023年6月	ABB集团	IRB 930	IRB 930是一款具有12kg或22kg高负载的SCARA机器人,具有一流的速度、精度、内部布线和非凡的向下力,可将吞吐量提高至20%。IRB 930可应用于诸多细分领域,包括电子、汽车电动汽车(EV)、太阳能和快速消费品(FMCG)等行业。IRB 930非常适用于快速点对点应用场景,如装配、物料搬运、拾放和螺丝驱动

数据来源:赛迪智库根据公开资料整理,2024年1月

6)洁净机器人

洁净机器人是一种在洁净室内应用的工业机器人,可以在洁净或真空环境下工作,主要应用于集成电路及泛半导体制造中。随着生产技术水平的不断提高,其对生产环境的要求也日益苛刻,很多现代工业产品生产都要求在洁净环境中进行,洁净机器人是洁净环境下生产需要的关键设备。洁净机器人的消费市场主要集中在中国、日本、韩国、美国、新加坡等。我国洁净机器人发展迅速,设备需求增长较快,我国沈阳新松机器人自动化股份有限公

司等企业实现了洁净机器人的技术突破。但目前，我国自主品牌机器人市场占有率依然较低。洁净机器人主要创新进展如表 5-13 所示。

表 5-13　洁净机器人主要创新进展

发布时间	发布机构	产品或项目名称	创新进展
2013 年	沈阳新松机器人自动化股份有限公司	晶圆传输大气机械手	新松晶圆传输大气机械手采用洁净传达及润滑、伺服驱动及插补运算等先进技术，具备晶圆映射检测和碰撞保护功能，拥有 SEMIS2 认证和 F47 认证，平均无故障运行次数高达 1000 万次，洁净等级为 ISO 1 级
2016 年	沈阳新松机器人自动化股份有限公司	真空机械手	直驱电机结构具有更高的真空特性，系统运行的平稳性更好、可靠性更高。全新的 IO 模块具有更多的输出/输入引脚，用户可以根据需求配置成互锁，传感器检测等功能。输入信号支持硬件中断功能，方便客户配置 AWC 等位置锁存功能应用。带有安全区配置功能和灵敏的碰撞保护功能，可减少用户误操作导致的各种损失
2020 年 12 月	ABB 集团	IRB 1100 洁净室版本机器人	IRB 1100 洁净室版本机器人的主要优势包括：符合卫生标准的涂装和机体密封设计可以防止油脂、油污和微粒等污染物泄漏，而且其机械设计可以最大程度地减少机器人关节间隙大小，防止细菌滋生。IRB 1100 洁净室版本机器人的节拍时间缩短 35%，占地面积减少 10%，质量减轻 20% 以上，其可安装在现有产线等狭小空间内，提升生产柔性。IRB 1100 通过了 ISO 4 级洁净室达标认证，拓展了具有更高防护等级要求的潜在新型应用领域

数据来源：赛迪智库根据公开资料整理，2024 年 1 月

7）协作机器人

协作机器人是一种新型工业机器人，可以安全地与人类进行交互、接触的机器人，能够与人类安全、灵活、易用地协同工作。协作机器人这一概念最早由美国西北大学的 J. Edward Colgate 教授和 MichaelPeshkin 教授，在 1996 年发表的一篇专利中提出，这一专利是美国通用汽车（General Motors）公司一项资助项目的成果。协作机器人的研究起源于欧盟在 2005 年资助的一个由 ABB 集团、库卡、Reis、柯马公司、Güdel 集团等工业机器人龙头企业参与的项目。该项目的目的是制造一种中小企业可以负担得起的、小而灵

巧的机器，避免劳动力外包的情况，实现将工作机会留在各国国内的愿望。2005 年，丹麦 Universal Robot 公司成立，并于 2008 年推出了第一款协作机器人 UR5。全球工业机器人龙头企业纷纷推出协作机器人产品，如 ABB 集团推出的 YuMi 机器人、发那科推出的 CR-35i 机器人、库卡推出的 LBR iiwa 机器人、安川电机推出的 Dexter Bot 机器人等。我国协作机器人市场中，自主品牌机器人市场发展迅速，遨博、节卡、珞石、大族、艾利特、达明等企业占据主要市场份额，协作机器人市场不断有聚焦新产品与新技术的创新势力涌入。近年来，协作机器人逐步拓展了医疗健康、新零售、危险环境等应用场景。随着人工智能、融合感知、数字孪生、结构仿生等为代表的新技术的交叉融合，将推动工业机器人在感知、决策、执行等方面更加智能化。协作机器人作为一种新型的工业机器人，通过人机协作，可以更好地适应不同的工作场景和需求，实现更高水平的工作效能。在服务业应用中，协作机器人打通了工业、服务等不同场景的应用壁垒，应用形态更加多样化，能够开展对柔性、触觉、灵活性要求较高的工作。协作机器人主要创新进展如表 5-14 所示。

表 5-14　协作机器人主要创新进展

发布时间	发布机构	产品或项目名称	创新进展
2022 年 12 月	发那科株式会社（FANUC）	CRX"工业"协作机器人	FANUC 推出 CRX"工业"协作机器人的设计初衷是为严苛的工业生产环境带来一款值得信赖的产品，依托于 FANUC 多年的技术与经验，为行业提供可靠、稳定的生产保障。CRX"工业"协作机器人具备高智能化、高灵活性、高负载、绿色低碳等特性，可广泛应用于各种人机协作场景
2023 年 2 月	遨博（北京）智能科技有限公司	iS 系列高性能协作机器人	遨博 iS 系列高性能协作机器人共有 iS7、iS10、iS20 三款产品，分别可负载 7kg、10kg、20kg。该系列机器人采用一体化、模块化设计，可实现部件快速更换，维修保养更便捷；机械臂运行速度更快，本体质量减轻，核心零部件优化，搭载新控制算法；重复定位精度、绝对精度、轨迹精度都有全面提升，防护等级最高可达 IP68。示教器质量仅有 1.1kg，质量减轻 50% 以上，屏幕尺寸更大；控制柜占地面积仅为原先的 1/2，体积减小约 40%

续表

发布时间	发布机构	产品或项目名称	创新进展
2023年9月	上海节卡机器人科技有限公司	JAKA S3移动协作机器人	JAKA S3移动协作机器人同时具备AMR的自主导航移动能力和协作机器人的灵活作业能力。用户可以自由规划路径、编写作业程序，使用更灵活；自带主控系统，统一人机交互，在系统中可作为主站或从站，使用更简单，部署更快速；具备多重安全防护功能，使用更安全；采用模块化设计，搭配不同的背包模块，可适用于不同的应用场景，通用性强；具备低能耗、高效率、运行数据可追溯等功能
2023年9月	ABB集团	IRB 1090工业教育机器人	ABB机器人推出的IRB 1090工业教育机器人得到了教育机构STEM.org的认证，旨在提升学生的技能水平，赋予学生在未来就业中的独特竞争优势

数据来源：赛迪智库根据公开资料整理，2024年1月

专栏5-13　工业机器人典型企业案例

ABB集团总部位于瑞士苏黎世，该集团由瑞典的ASEA公司和瑞士的BBC Brown Boveri公司两个拥有100多年历史的国际性企业在1988年合并而成。1974年，ASEA公司研发出全球第一台全电控式工业机器人——IRB6。近年来，ABB机器人陆续推出了包括六轴机器人、协作机器人、自主移动机器人、并联机器人、SCARA机器人、机器人控制器、软件、功能包、模块化单元等各个系列的新品。例如，专为食品饮料、物流、制药和消费品行业设计的IRB 390 FlexPacke机器人。2022年10月，ABB发布了该公司史上最小型机器人IRB 1010，占地面积相较于ABB上一代最小型机器人IRB 120中国龙减小了30%，负载为1.5kg，精度达0.01mm，可助力可穿戴智能设备（智能手表、耳机、传感器、健康追踪器等）实现更快、更灵活的高质量生产。

发那科株式会社创始人是富士通信制造株式会社（即数控富士通公司）的稻叶清右卫门（1946年东京大学机械系毕业）。1972年，数控富士

通公司独立出来，成为富士通发那科，1982年7月改名为发那科株式会社。发那科机器人产品系列多达240种，负载从0.5kg到2300kg，广泛应用于装配、搬运、焊接、铸造、喷涂、堆垛等不同的生产工艺，以满足客户的不同需求。特别是在汽车领域，发那科机器人几乎无处不在。通用、大众、本田、福特、陕汽等全球主要汽车制造商是其主要客户。

沈阳新松机器人自动化股份有限公司成立于2000年4月，是以机器人及自动化技术为核心，致力于数字化高端装备制造的高技术企业，在工业机器人、智能物流、自动化成套装备、洁净装备、激光技术装备、轨道交通、节能环保装备、能源装备、特种装备及智能服务机器人等领域呈产业群组化发展。作为中国机器人产业的重要领导者和贡献者，新松至今已创造了百余项行业第一。其成功研制了具有自主知识产权的工业机器人、协作机器人、移动机器人、特种机器人、服务机器人五大系列、百类产品；面向智能工厂、智能装备、智能物流、半导体装备、智能交通等领域，形成十大产业方向，致力于打造数字化物联新模式。其中，工业机器人广泛应用于在国民经济的重要领域；移动机器人全球综合竞争力突出；洁净（真空）机器人打破国外技术封锁，填补中国在该领域的空白；服务机器人已销往海内外，形成了全智能产品及"工业4.0"整体解决方案。

上海新时达电气股份有限公司成立于1995年，起步阶段主要业务为电梯控制技术。新时达机器人在国内首创建立了"关键核心零部件—本体—工程应用—远程信息化"的智能制造的完备产业链。新时达机器人适用于各种生产线上的焊接、切割、打磨抛光、清洗、上下料、装配、搬运码垛等上下游工艺的多种作业，广泛应用于电梯、金属加工、橡胶机械、工程机械、食品包装、物流装备、汽车零部件等制造领域。

南京埃斯顿自动化股份有限公司创立于1993年，总部坐落于南京江宁开发区，埃斯顿经历了从无到有、顺势而为、逆势增长的不同阶段。埃斯顿机器人产品80%以上是六轴机器人，负载为3~500kg，三十多种规格型号基本覆盖各行业的大部分需求；在国产机器人厂商中居于领先地位，目前的主要竞争对手主要为国际机器人品牌。

珞石（北京）科技有限公司成立于 2015 年，从研究机器人核心控制系统起家，到成为一个机器人本体厂家。目前，珞石机器人已广泛应用于缝制、打磨、装配、分拣、质检、上下料等多个领域，客户包括法雷奥、步步高、爱慕、京瓷、博世等国内外知名企业，并为众多行业提供智能制造解决方案。近年来，珞石机器人深入探索汽车零部件行业，在激烈的市场竞争中集中优势，与行业全球头部企业深度合作，在汽车活塞打磨、热系统、内外饰的装配、涂胶、上下料及精密打磨去毛刺等工艺中，走出了具有自身特色的自动化集成道路。

遨博（北京）智能科技股份有限公司成立于 2015 年，是一家致力于开发新一代轻型协作机器人的公司，旨在以模块化、开放性的轻型人机协作机器人，融合工业互联网和工业大数据的设计理念，开拓全新的工业生产方式，引领人机协作新时代。遨博智能不断扩充产品矩阵，成为了协作机器人产品系列多的厂商之一。目前，遨博智能推出了三大类产品：一是面向工业的 i 系列产品，负载为 3~20kg，能够满足工业客户速度、精度、安全和柔性的需求；二是面向零售、餐饮和服务业的 C 系列产品；三是有"手"、有"脚"、有"眼"、可感知的全自主移动复合机器人，重新定义了协作机器人的概念，扩展了人们对协作机器人轻量机械手的认知。

随着新一代信息技术的发展，工业机器人融合 5G、人工智能、智能传感等技术，感知、计算、执行等能力将得到大幅提升，能适应更加柔性化、精准化和智能化的工作任务。工业机器人将成为智能制造的核心环节，成为赋能企业提质增效的重要工具，是制造强国的重要组成部分。展望未来，工业机器人逐步向智能化、柔性化、平台化方向发展。**一是工业机器人向内部核心部件的智能化和外部感知决策的智能化发展。**一方面，随着先进传感技术的发展，机器人对自身状态的感知和监测更为精确和全面，机器人内部伺服系统、控制器等控制算法智能化水平逐步提升。另一方面，随着机器视觉、声音、触觉、气味等传感技术的发展，机器能够通过传感器获取环境信息，通过对外部环境的分析，进行智能决策。**二是工业机器人自适应能力和交互能力逐渐增强，机器人应用场景的柔性水平进一步提升。**随着协作机器人、复合机器人等技术的发展，工业机器人可以实现简单、灵活的部署，提升生产线各环节灵活部署的能力。随着大模型技术的发展，工业机器人的交互和编程门槛将逐步降低，功能场景的开发难度和周期降低，机器人的柔性应用能力逐渐增强。**三是机器人的硬件、软件、应用解决方案向通用化、平台化方向发展。**未来，工业机器人将像个人计算机、手机一样逐步向平台化方向发展。机器人零部件逐步向具有一定通用性和扩展性的模块发展，控制软件模块逐步向标准化、开源方向发展，可在不同机器人产品中共用；机器人将为不同行业、不同场景提供相对通用化的工艺包，集成商或客户可通过调用工艺包、修改工艺参数等简单操作实现所需功能，该方法具备高效编程、快速部署、灵活应用、降低成本等特征。

未来，推动工业机器人向高端化方向发展，一是加大创新研发力度。推动工业机器人基础研究与生命科学、材料科学、人工智能等跨学科融合创新。聚焦高性能减速器、高性能伺服驱动系统、智能控制器、智能一体化关节、智能传感器、操作系统和功能软件、新型材料等关键核心技术研发。二是增加高端整机产品供给。聚焦装配机器人、洁净机器人、焊接机器人、喷涂机器人、重载机器人等高端整机产品，开展创新研发和产业化应用。发挥我国协作机器人等产业优势，在工业、服务等领域形成协作机器人定制化解决方案，带动机器人整机产业创新和高质量发展。三是加速拓展高端应用领域。在已形成较大规模应用的汽车、电子、机械等应用领域，在焊接、涂装、装配等环节，积极开拓高端应用市场；在初步应用和潜在应用的化工、航空航天等场景，积极拓展工业机器人应用空间，开发先进适用的机器人解决方案；在光伏、铸造、家具等特定细分领域，在抛光、打磨、喷涂、搬运等关键环节，形成专业化的工业机器人解决方案，打造工业机器人竞争新优势。

2. 物流机器人

物流机器人指应用于仓库、分拣中心以及运输途中等场景，进行货物转移、搬运等操作的机器人。随着物流机器人应用范围的持续扩大，物流机器人行业市场规模持续扩大。根据应用场景，物流机器人可分为仓储机器人、配送机器人等。其中，**仓储机器人**主要用于搬运、堆垛、拣选和存储等任务。通过自动化和智能化的技术，仓储机器人能够提高仓储业务的效率和准确性，在减少人力成本的同时减少错误和损失。**配送机器人**用于完成商品或物品的运输和配送任务，通常具有导航、感知、规划和执行等功能，能够在指定的环境中自主地移动，按照预定路径将货物从一个地点送达到另一个地点。物流机器人是人们基于人工智能、自动化技术和机器视觉技术，研发和生产各种类型的机器人设备，能为物流行业提供全方位的自动化解决方案。物流机器人发展主要集中在提高效率、降低成本、提升安全性和准确性等方面，以实现物流水平的自动化与智能化。一方面，**物流机器人算法控制能力逐渐增强**。传统物流机器人通过预制程序、依赖高精度传感器对货品进行识别拣选，但缺乏智能和柔性处理能力，这就需要更为精准的末端货品识别算法方案，需要通过优化识别拣选、导航技术、路径规划、调度系统构筑产品软实力。例如，集成3D相机和AI算法的智能机械臂通过3D相机抓取物品的实时信息，并结合AI算法做出最优运动规划，选择合适夹具执行末端抓取，实现精准识别并精确分拣，降低对高成本精密传感器的依赖，在拣选效率、降低硬件成本和柔性处理等方面具有显著优势。另一方面，**物流机器人场景方案逐渐丰富**。物流机器人下游应用场景主要分为商业仓配和工业制造两大类。以电商为代表的商业仓配场景的快速发展推动了物流机器人应用的成熟，并进一步向工业制造场景渗透。由于商业仓配下的各细分场景的业务和仓储模式较为接近，物流机器人厂商往往可以从一个细分行业迅速拓展至其他细分行业；而工业制造的各细分场景由于生产组织模式差异性较大，物流机器人厂商往往专注于某个或某几个场景，场景的定制化程度较高。随着智能制造的发展，工业制造场景正成为新蓝海，以极智嘉、快仓、海康机器人、海柔创新等为代表的企业纷纷布局工业制造领域，并在汽车、3C、光伏、锂电池等细分领域逐渐取得突破。海外领先厂商通过并购加速拓展下游应用场景。例如，2021年7月，ABB集团收购欧洲最大AMR提供商之一的ASTI，旨在将其机器人业务拓展到传统汽车业务以外的领域；2021年9月，专注电商仓库AMR的Locus公司宣布收购Waypoint，计划从电商行业延伸至制造领域。

我国物流机器人"出海"前景广阔。欧美日韩等发达国家普遍面临劳动力短缺、劳动力成本攀升等问题。以电商为代表的下游行业在海外市场快速发展，驱动物流机器人的市场需求。以极智嘉、海康、快仓为代表的国内领先厂商在硬件参数及性能指标方面与海外头部企业已基本相当，产品性价比高，具备出海的优势。以最大负载区间为1000～1500kg的搬运产品为例，我国领先厂商的物流机器人的最大运行速度均可对标以MiR、Fetch Robotics为代表的国际领先企业，但我国物流机器人在定位精度方面仍有较大进步空间。在续航能力方面，我国领先厂商具有较大优势，产品续航时间最长可达24h。物流机器人主要创新进展如表5-15所示。

表5-15　物流机器人主要创新进展

发布机构	发布时间	产品或项目名称	创新进展
北京极智嘉科技股份有限公司	2021年10月	PopPick	极智嘉新一代货架到人拣选方案PopPick满足客户对仓储高吞吐、高柔性、高人效、高存储的需求，通过把货架到人解决方案结合料箱存储，构建符合人体工学的PopPick工作站。该产品具备了一站式All-in-One特性，适合跨境电商SKU拆零拣选且对效率要求很高的场景。目前，PopPick已落地纵腾集团谷仓海外仓美西项目、跨境冷链企业墨谷供应链科技等。极智嘉在纵腾集团谷仓海外仓美西项目PopPick的效率预计最高可达650箱/小时，拣选效率预计为人工作业模式的3～4倍。同时，其为未来业务的拓展预留了200%的出入库能力

续表

发布机构	发布时间	产品或项目名称	创新进展
梅卡曼德（北京）机器人科技有限公司	2023年10月	3D视觉引导机器人	3D视觉引导机器人抓取随意堆叠的真实快递包裹（如纸箱、软包、泡沫信封、硬质信封等）。在真实场景下，该产品上双率小于0.1%，节拍可达1600件/小时，帮助物流、快递等领域完成快速供包
移动机器人技术生态联盟R9（Robot 9）	2022年12月	R9-001移动机器人通信技术规范	2022年，京东物流联合大陆智源、极智嘉、海柔创新、科聪、木蚁机器人、塔斯克机器人、仙工智能、行深智能等业内知名企业成立移动机器人技术生态联盟R9（Robot 9），并发布R9-001移动机器人通信技术规范。该技术规范能够兼顾大多数移动机器人的搬运场景和控制调度，并具备高安全性、扩展性和完整性等特点

数据来源：赛迪智库根据公开资料整理，2024年1月

专栏5-14 物流机器人典型企业案例

亚马逊是全球领先的电子商务和云计算巨头，拥有全球最大的物流网络。2012年，亚马逊以7.75亿美元收购了Kiva机器人公司，最大限度地提高了供应链的生产力。2022年6月，亚马逊推出全自动机器人"Proteus"，该机器人拥有先进的安全、感知和导航技术，能与人协作，可在仓库周围移动大型货架产品。2023年10月，亚马逊推出仓储机器人Sequoia，可以将拣选效率提高75%，同时将仓库处理订单的时间缩短多达25%。

上海快仓智能科技有限公司成立于2014年，是"人工智能+智能机器人"领域的头部企业，创造了亚洲首个单仓机器人部署规模超1000台的纪录，累计服务近1000家客户，覆盖全球20多个国家的50多个行业。快仓核心产品包括"智能搬运机器人""电商智能解决方案"和"工业4.0智能搬运解决方案"等。

北京极智嘉科技有限公司成立于2015年，在全球AMR市场占有率高达10%，占据市场领先地位。公司总部位于北京，并在中国香港、日本、

德国和美国设有办事处。公司应用先进的机器人和人工智能技术，打造高效、柔性、可靠的解决方案，帮助全球各行业的企业提升物流效率，实现智能化升级。目前，极智嘉已服务客户近 300 家，项目覆盖电商、零售、鞋服、医药、3PL、制造和汽车等行业。

上海仙工智能科技有限公司成立于 2020 年。仙工智能的业务涵盖了 AGV/AMR 控制器、自动叉车、可视化工业系统软件及智能视觉方案，为客户提供智慧生产、智慧物流领域的一站式解决方案和服务，帮助客户更好地实现工业智能化。

展望未来，随着机器人视觉、智能传感等技术的不断发展，物流机器人将与人工智能、5G 等新一代信息技术深度融合，向智能化、数字化、柔性化方向发展。物流机器人与人工智能技术融合，使得机器人对物料的判别和定位更加精确和灵活，不需要专业的技术人员也可以完成对机器人的操作，人机交互更加实时化、更具互动性和个性化。物流机器人融合 5G 等技术实现高可靠、低延迟的通信技术，实现远程控制、多设备协调等场景。物流机器人逐步由单体智能向群体智能发展。物流机器人的多系统融合能力将不断增强，机器人与环境、人员等数据融合逐步增强，能够与其他主体的数据进行管理分析，协同完成特定任务。随着我国物流机器人在新技术、新场景、关键器件中的探索和研发，未来需要进一步提升我国物流机器人技术水平，进一步做大产业规模，利用自身优势向全球输出更多"中国方案"。一**是加强核心技术研发**。物流机器人的核心技术仍有待突破，随着技术的日益成熟、单一的技术将越来越难以满足多样化的场景需求，须积极开展"AGV+机械手""AGV+货叉"等复合机器人技术、"激光导航+磁钉导航"等复合导航技术的研发和应用；聚焦传感器、控制器、伺服系统、精密减速器等核心部件，开展创新研发工作。**二是重点提升产品和形成系统解决方案**。提升堆垛机、输送机、AGV、穿梭车、分拣机器人等物流机器人整机产品性能；强化自动化场站、智慧仓储等智能物流基础设施建设，针对汽车、医药、电商等领域形成智慧物流系统解决方案。**三是积极完善行业标准与法律法规体**

系。物流机器人应用场景广泛，我国物流机器人相关标准的强制性不足，尚未形成完善统一的国家标准体系。例如，我国无人配送车等运营相关的管理体系尚处于起步阶段。目前在社区、园区等封闭场景开展无人配送，有着较为宽松的政策环境，但室外配送尚未形成完全成熟的商业模式。低空无人机物流发展面临低空空域供给不足、法规标准不健全等问题。未来，需要依托企业、公共服务平台，积极开展物流机器人行业标准建设，完善物流机器人法律法规。

（三）打造特色领域新动能

随着行业技术的持续进步和应用需求的不断挖掘，融合了机器人技术的智能装备应用到农业、医疗、养老助残、安全应急和极限环境作业等各个领域，也涌现出一批独具特色、突破作业边界的"机器人化"的创新产品。这些产品成为解决经济社会各领域劳动力短缺、劳动力结构调整、人口老龄化等突出矛盾的重要手段，满足人民对美好生活向往的需求。

1. 农业机器人

农业机器人是指运用在农业生产中的智能机器人，同工业机器人或者其他领域机器人相比，农业机器人工作环境多变，以非结构环境为主，工作任务具有极大的挑战性。因此，农业机器人对非结构环境的适应能力要远高于其他领域机器人[1]。农业机器人分为施肥机器人、耕耘机器人、除草机器人、喷药机器人、蔬菜嫁接机器人、收割机器人、采摘机器人、养殖巡检机器人、饲喂机器人、挤奶机器人、屠宰机器人、投饵机器人、水质巡检机器人等[2]。随着农业信息技术的快速发展，农业机器人可以通过传感器、摄像头等设备获取农田的土壤湿度、温度、光照等实时数据；可以根据这些数据，自动调整作业参数，如施肥量、灌溉量等，从而实现对农田的精细化管理。近年来，

---

[1] 王儒敬，孙丙宇. 农业机器人的发展现状及展望[J]. 中国科学院院刊，2015, 30(6): 803-809.
[2] 刘成良，贡亮，苑进，等. 农业机器人关键技术研究现状与发展趋势[J]. 农业机械学报，2022, 53(7): 1-22.

我国不断加快农业机械化步伐,积极提升现代农业水平,随着科技的不断发展和农业产业的不断进步,农业机器人正逐渐成为农业生产的重要组成部分[①]。

我国农业机器人自20世纪90年代开始起步,从"十一五"开始,国家高技术研究发展计划(863计划)2006年度专题课题开始支持果树采摘机器人的研发。"十二五"时期,国家科技支撑计划支持大田作业、设施养殖机器人的研发。"十三五"时期,国家重点研发计划支持果蔬采收机器人、大田作业机器人、屠宰分割机器人等。"十四五"时期,国家重点研发计划支持畜禽、水产巡检以及无人化智能农机装备等技术研发。从整体上看,我国农业机器人处于关键技术研究、样机研制与试验演示及规模化应用的快速发展阶段。目前,我国围绕自动驾驶拖拉机、小型农业移动平台、嫁接机器人、移栽机器人、插秧机器人、果实分拣机器人、采摘机器人、除草机器人等方面都有相应的产品研发。当前,国内最成熟的两大领域是自动驾驶拖拉机和植保无人机两类机器人。农业机器人主要创新进展如表5-16所示。

表5-16 农业机器人主要创新进展

发布机构	产品或项目名称	创新进展
广州极飞科技股份有限公司	P150农业无人飞机	P150农业无人飞机具备喷洒、播撒、运输、航测四大功能,70kg最大负载量,安全智能的控制大脑,简单多样的操控方式,为客户提供经济、灵活、高效的农业生产解决方案。新一代极飞睿喷系统,带来30L/min最大流量和均匀雾化效果,让P150农业无人飞机在高速飞行下,依然能够保证大田喷洒效果。同时,其可加上4个离心喷头6配合四旋翼强大风场,强力穿透植株高、冠层厚的果树,实现叶面、叶背的均匀覆盖
丰疆智能科技股份有限公司	疆驭农机自动驾驶系统、农业耕整地作业监测终端、智能拖拉机、智能收割机等产品	以"疆驭农机自动驾驶系统"为例,该系统将卫星导航、惯性单元、计算机视觉、RTK等集成在方向盘+示教器,同时通过加入发电机组等小零件,对车辆油门、刹车、离合、变速箱以及各种传感器实现控制,传统农机直接就能转型成为"简配版"无人驾驶车

[①] 赵春江. 智慧农业的发展现状与未来展望[J]. 华南农业大学学报, 2021, 42(6): 1-7.

续表

发布机构	产品或项目名称	创新进展
悟牛智能科技有限公司	无人驾驶果园管理机、农业采摘机器人、运输机器人、巡检机器人等	悟牛智能的坦克（Tank）系列设计研发有T320、T350、T1000型无人驾驶果园管理机，其采用最新低速无人驾驶硬件及软件整体解决方案，针对果园场景进行研发设计，能够在复杂的果园工况下进行喷洒、割草、运输、采摘及实时数据采集等全程无人化作业；悟牛智能的农业采摘机器人搭载机器人感知、运动控制、规划与交互等模块，通过传感器模组、边缘计算单元等接收与处理信息，从而完成精准执行动作。该产品以分布于南北半球的多处标准化果园为采摘实训基地，通过大量数据积累，目前可在0.2s内完成1m^{2}范围内苹果的识别

数据来源：赛迪智库根据公开资料整理，2024年1月

未来，我国农业机器人发展需要重点解决农业机器人关键核心技术和核心零部件的供给，加强农艺与机器结合，提高农业机器人适用性，降低使用成本等问题。**一是加强核心技术和零部件攻关。**重点聚焦大田粮食作物、设施果蔬、畜禽水产养殖等场景，突破大田生产作业机器人实现大型高适应、高通过性的机器人动力平台及种管收精细精准作业的核心技术；设施果蔬生产机器人实现番茄、草莓、苹果、柑橘、食用菌、茶叶等长势巡检、选择性采收核心技术；养殖生产作业机器人实现健康行为识别、精准饲喂、疫苗注射、个体巡检、挤奶、集蛋等技术。突破农业机器人适用的智能作业部件、伺服系统、控制器、驱动器、视觉识别系统、操控系统等关键部件。**二是以农业机器人为重点构建智慧农业解决方案。**支持融合5G、北斗、大数据、图像识别、智能传感、自动驾驶、精准作业等技术，发展农业机器人、无人驾驶拖拉机、无人机植保、智慧种植/养殖等新型智能装备整体协作解决方案，实现大田作业、设施果蔬、禽畜养殖等全流程管理，提高农业现代化水平。**三是加大农业机器人应用支持与推广。**推动将更多农业机器人纳入支持范围，积极推进"农机购置补贴+贷款贴息""农机购置补贴+融资租赁承租补助"等方式，加大用户购机用机支持力度。各地根据实际动态优化调整农机购置补贴和农机报废更新补贴，引导资金向技术含量高、绿色环保、优质实用的产品倾斜。

2. 医疗机器人

医疗机器人是指用于医院、诊所的医疗或辅助医疗的机器人。医疗机器人融合了现代医学、机械、电气、计算机科学等技术，是新一代信息技术与医疗诊治手段相结合的医疗装备。医疗机器人在医疗系统中已得到推广应用，手术机器人、诊断机器人、康复机器人、服务机器人等机器人开始投入实际应用中[1]。多数医疗机器人属于二类或三类医疗器械，主要作用于人体，用于开展手术治疗、辅助治疗、康复治疗等。医疗机器人相较于传统方式更加安全、科学、创伤更小。近年来，医疗机器人技术加速迭代，市场认可度、接受度不断提升，医疗机器人发展环境持续优化。医疗机器人起源于美国、日本等国，德国、以色列等国企业在外骨骼机器人等细分领域具备特色优势。我国医疗健康机器人行业仍处在起步阶段，亟待协同政、产、学、研、医等多方资源，共同推动医疗机器人和助老助残机器人的创新研发和推广应用。

根据医疗机器人的应用领域，可以将医疗机器人分为医疗手术机器人、医疗辅助机器人、医疗康复机器人和医疗服务机器人[2]。**医疗手术机器人**包括腔镜手术机器人、骨科手术机器人、神经外科手术机器人等，可实现手术规划与精准定位，推动手术实现微创化，降低患者术后康复时长。**医疗辅助机器人**包括胶囊内镜机器人、采血机器人等，能为患者在诊前、诊中和诊后提供一体化的综合服务，满足患者在医疗过程中的不同需求。**医疗康复机器人**包括牵引式康复机器人、外骨骼机器人等，能够提升康复效果与康复效率，缩短患者治疗周期，降低医生的劳动强度，提升治疗效果。**医疗服务机器人**包括配送转运机器人、清洗消毒机器人等，可替代人力，长时间完成消杀、医用耗材管控与运输等工作，并具备全程追踪溯源，优化管理系统等功能。

---

[1] 沈剑锋. 人工智能赋能健康中国[M]. 北京：中共中央党校出版社，2023.10.
[2] 黎文娟，马泽洋，曾磊，等. 国内外医疗机器人发展现状及趋势[J]. 机器人产业，2022(6): 72-86.

1）手术机器人

手术机器人起源于美国，之后日本、德国、韩国等企业均推出了手术机器人代表产品。1985 年，美国洛杉矶纪念医院（Memorial Hospital of Los Angeles）研究人员将 Unimation 公司研制的 PUMA260 工业机器人和医疗外科手术相结合，成功完成了神经外科活检手术，标志着医疗机器人发展的开端。美国直觉外科公司在 1992 年推出了机器人 ROCOBOT 并完成临床试验，这是全球第一个骨科机器人。此后美国接连推出 AESOP、ZEUS、Da Vinci 等机器人。其中，直觉外科公司研制的达芬奇机器人外科手术系统在 2000 年被美国 FDA（食品药品监督管理局）批准，成为世界上第一个腹腔镜手术系统。当前，达芬奇手术机器人是全球领先的手术机器人之一，2022 年完成了超过 175 万台手术。德国有西门子、费森尤斯集团、蔡司医疗、Omnicell&Aesynt、GermanBionic 等企业发展医疗机器人。例如，西门子的 Corindus 介入机器人与血管造影系统 ARTISicono 的结合，提高了手术的精准度，使整个手术过程更加标准化、智能化，为临床手术提供了新方式。我国医疗机器人的发展起步较晚，但展现出强劲的发展势头，关键技术不断取得突破，产品逐步获得国际市场认可。1997 年，国内首台手术机器人研制成功，并首次完成立体定向颅咽管瘤内放射治疗术。2022 年，上海微创机器人公司的鸿鹄骨科手术机器人获得美国食品药品监督管理局（FDA）的认证，成为国内首款获得 FDA 认证的手术机器人。手术机器人主要创新进展如表 5-17 所示。

表 5-17　手术机器人主要创新进展

发布时间	发布机构	产品或项目名称	创新进展
2017 年 1 月	德国西门子公司	CorPath GRX 介入手术机器人	CorPath GRX 介入手术机器人是目前全球唯一经 FDA 批准并拥有欧盟 CE 上市认证的血管介入手术机器人系统，适用于冠状动脉、外周血管等介入治疗领域，可大幅降低医患受辐射剂量，提高手术操控的精准度

续表

发布时间	发布机构	产品或项目名称	创新进展
2019年2月	美国直觉外科公司	Ion支气管镜机器人	Ion支气管镜机器人是一种新型的机器人辅助支气管镜控制系统，主要由医生控制台，机械臂平台和预装在电脑中的Planpoint规划软件组成。操作时，医生遥控机械臂控制全向动作导管和视觉探头进入支气管。机械臂平台通过气管插管和患者气道联通，全向动作导管外径仅3.5mm，前端具备任意方向180°主动弯曲功能，可顺利通过角度最大的支气管分支到达肺的最外侧。在光纤形状感知导航下，全向动作导管精准到达目标病灶处，然后，通过操作通道插入一次性活检工具，完成活检或者其他的诊疗操作（如术前定位等）
2023年5月	上海介航机器人有限公司	Mona Lisa前列腺穿刺机器人	Mona Lisa前列腺穿刺机器人可通过智能软件制定方案，辅助临床医生更好地完成各项操作，不仅展示了3D可视化MRI-超声融合技术，且其运动补偿和针偏移位置补偿技术进一步提高了穿刺手术的精准性；辅助医生更安全、精确、智能、高效地进行活检取样，减少漏诊率，减少创口数量，减轻患者痛苦
2023年6月	北京术锐机器人股份有限公司	术锐单孔腔镜手术机器人	2023年6月，术锐单孔腔镜手术机器人获得国家药品监督管理局的上市批准。该产品中的手术器械采用国际首创、拥有自主知识产权的创新技术，具有运动范围广、负载能力强和可靠性高等技术优势。该机器人仅需要单个皮肤切口即可实现极尽微创的手术治疗，实现术中创伤小、出血少，具有术后恢复快、疼痛轻，术后疤痕少等优点
2023年7月	美国史赛克公司	全膝关节置换手术机器人Mako Total Knee 2.0	全膝关节置换手术机器人Mako Total Knee 2.0以CT的三维规划、AccuStop触觉技术和Insightful数据分析为基础。同时，该机器人还引入了更加直观的设计面板和可定制的工作流程，创新设计了数字张力控制器，使外科医生在全膝关节置换术中，无需借助额外的器械，即可评估膝关节的稳定性，较大程度地提高了手术的便捷程度
2023年8月	北京软体机器人科技股份有限公司	BFA柔性臂	BFA柔性臂基于柔性气动肌肉和仿生结构构型，搭配高精度气流驱控和柔韧核心控制算法，实现了对刚柔耦合的柔性臂的平稳、高精度控制，灵巧柔韧、自由转向，能进行任意角度的扭转。在养老助残、家庭辅助等场景具有广阔应用潜力

数据来源：赛迪智库根据公开资料整理，2024年1月

2）医疗辅助机器人

医疗辅助机器人辅助专业医生、护士完成操作，产品细分方向较为零散，场景应用定制化方案较多，国内在胶囊机器人等领域具有特色优势。在胶囊内镜机器人方面，1981 年，以色列光电工程师 Gavriel J.Iddan 教授首次提出"可吞服型小肠内镜"。1994 年，伦敦帝国理工学院 PaulSwain 教授在洛杉矶世界胃肠病大会首次提出"胶囊相机机器人"的概念。二人共同成立的 GivenImaging 公司于 1998 年试制出第一颗胶囊内镜。2004 年，我国第一颗胶囊内镜在重庆金山科技（集团）有限公司诞生。目前，金山科技胶囊内镜产品在国内占有较大的市场份额，产品先后获得多个国家认证。医疗辅助机器人主要创新进展如表 5-18 所示。

表 5-18 医疗辅助机器人主要创新进展

发布时间	发布机构	产品或项目名称	创新进展
2019 年 1 月	北京迈纳士手术机器人技术股份有限公司	MNS R400 智能穿刺采血机器人	首针穿刺准确率已达到 95%左右，比护士平均首针穿刺准确率高近 20%，达到熟练护士水平
2021 年 11 月	美国美敦力公司	PillCam Small Bowel3 @HOME	PillCam Small Bowel3 @HOME 将美敦力的 PillCam 技术与亚马逊物流相结合，旨在确保患者在家中舒适地获得及时且准确的结果。该系统可直接对小肠进行可视化和监测，以帮助检测在上下级内窥镜检查中可能遗漏的病灶。该机器人胶囊用于显示和监测可能提示克罗恩病的病变，或可能导致不明原因出血或缺铁性贫血的病变
2022 年 4 月	重庆金山科技（集团）有限公司	全自动导航胶囊机器人（RC100）	RC100 不仅拥有解放医生双手的自动化检查模式，还配备智能辅助阅片系统，实现图片冗余筛除及异常图片提示，极大节省医生阅片时间。RC100 配合胃肠一体磁控胶囊内镜 NC100，一颗"胶囊"，便可进行胃肠同检。RC100 可以通过 5G 远程操控，实现非接触检查。患者在家门口的基层医疗机构就诊，数据就可以实时传输到中心医院，医生远程阅片，实现医患云端问诊、交流[①]

数据来源：赛迪智库根据公开资料整理，2024 年 1 月

---

① 陈曦. 活检交给"小胶囊"，采集样本稳又准[N]. 科技日报，2022-09-20(8).

3)医疗康复机器人

医疗康复机器人国内外企业数量较多,产业集中度较低,代表企业包括日本的 Cyberdyne 公司、美国的 Ekso Bionics 公司等。我国在外骨骼机器人等方面具备优势。2002 年,日本筑波大学山海嘉之教授研制了外骨骼机器人 HAL,至今,HAL 已完成 5 次迭代。美国 Ekso Bionics 公司研发的外骨骼机器人 EksoNR 是被美国食品药物管理局(FDA)批准的首个用于多发性硬化症患者康复的外骨骼机器人。2019 年,三星推出的外骨骼机器人 GEMS Hip,其可针对行动不便、伤患复健者提供下肢动作辅助功能。2021 年,三星宣布将在未来 3 年内投资 240 兆韩元用于提升三星在人工智能、半导体、生物制药和机器人产业等新领域的竞争力。国内在这一赛道起步较晚,但成长迅速,在外骨骼机器人赛道涌现出大艾机器人、傅利叶智能等企业。例如,2018 年,傅利叶智能自主研发的上肢康复机器人成为中国首次出口美国的医疗康复机器人。医疗康复机器人主要创新进展如表 5-19 所示。

表 5-19 医疗康复机器人主要创新进展

发布时间	发布机构	产品或项目名称	创新进展
2006 年 10 月	德国 Woodway	LokoHelp 下肢康复机器人	LokoHelp 下肢康复机器人是一款机电步态训练器,旨在减轻治疗师在运动治疗期间引导患者腿部的劳动密集型任务。使用 LokoHelp 进行运动治疗不仅可以帮助治疗师,还可以提高患者的步态对称性和治疗质量
2021 年 7 月	上海傅利叶智能科技有限公司	ArmMotus EMU 上肢康复机器人	ArmMotus EMU 上肢康复机器人是一款基于末端控制的三维上肢康复机器人,采用了创新的线驱传动方式,搭配混合串并连杆结构,并应用轻量化的碳纤维材料,从而减小了机器人自身运动过程中的惯量和摩擦力。基于傅利叶智能自主研发、行业领先的力反馈技术平台,模拟治疗师手上的柔顺力控动作,根据需求输出助力或者阻力,实现在三维空间内的运动控制、肌力及认知训练等,给患者带来全新的康复评估和训练体验

续表

发布时间	发布机构	产品或项目名称	创新进展
2022年6月	美国Ekso Bionic	EksoNR	EksoNR是一款外骨骼机器人，专门设计用于康复环境，以促进神经康复患者的康复，以便他们能够走出设备并返回社区。作为首个获得FDA批准用于治疗后天性脑损伤、中风、多发性硬化症（MS）和脊髓损伤的外骨骼机器人，EksoNR提供业界最自然的步态，重新训练大脑和肌肉如何正确行走

数据来源：赛迪智库根据公开资料整理，2024年1月

4）医疗服务机器人

医疗服务机器人企业瞄准院内感染控制、院内物流管理等医疗服务痛点，积极开发多种适用产品用于污染重区消杀、医用高值耗材管控与运输等工作，主要包括消杀机器人、配药机器人、智能导诊机器人等。例如，美国Xenex公司开发的LightStrike Germ-Zapping机器人可以消灭清洁过程中遗漏的微观细菌，利用高强度紫外线灯，5min内可消灭感染性细菌。配药机器人方面，20世纪90年代，德国、美国、日本等国提出了现代化药房建设理念。在物流机器人方面，美国在1984年研发出了以医院为应用场景的护理机器人HelpMate，用于辅助护士移动病人、运送药品等。日本的代表产品包括日本松下公司的自动送药机器人HOSPI-R和看护机器人Resyone。我国也涌现出钛米机器人、擎朗智能、猎户星空等企业，聚焦配送转运、清洗消毒等医疗服务机器人细分领域研发创新产品。在配药机器人方面，我国涌现出健麾信息、艾隆科技等企业，这些企业能够根据终端需求提供多种解决方案。医疗服务机器人主要创新进展如表5-20所示。

表5-20　医疗服务机器人主要创新进展

发布时间	发布机构	产品或项目名称	创新进展
2014年8月	XENEX	LightStrike Germ-Zapping	LightStrike Germ-Zapping是FDA授权的医疗器械，通过高强度光快速、有效地减少微生物，可根据房间类型和位置进行定制。当系统检测到运动时，传感器立即停止设备，提供基于云的关键指标报告，专为长寿命、高可靠性和易用性设备而设计

续表

发布时间	发布机构	产品或项目名称	创新进展
2018年	上海钛米机器人股份有限公司	消毒机器人	消毒机器人能自主导航避障，集成紫外线消毒、等离子空气过滤、超干雾化过氧化氢等消毒方式，消毒效率是人工消毒的6倍，5min可消毒30m^{2}的区域，是全国首款获得消毒器械注册证的机器人
2021年4月	达闼机器人股份有限公司	Ginger Lite D300	达闼多台多功能室内配送机器人Ginger Lite D300已正式上岗北京、沈阳、济南等地的多家医院。它们将负责病房护士站、诊疗室、药房等区域之间的药物配送任务，通过自主导航、自动乘梯、主动避障等技能，实现跨楼层跨区域多机任务调度、多机协同，多层多梯远程操控等安全运营

数据来源：赛迪智库根据公开资料整理，2024年1月。

展望未来，医疗机器人有望和人工智能技术高度融合，触觉、视觉等感官的相互反馈现实感和真实感逐步增强，认知、推理、语态、态势感知能力逐步提升，机器人将能够预测医生的行为，和专业医生和护士共同工作，机器人的材质和结构逐步实现小型化，成本逐渐降低。**医疗机器人将与更多学科广泛深入融合。**医疗机器人将和生命科学、生物技术、纳米技术、信息技术、认知技术、先进制造技术发生更为广泛而深刻的融合，医疗机器人的内涵也将随着和更多学科的融合而逐渐延伸。5G、增材制造、大数据、人工智能、虚拟/增强现实等新技术将不断整合进医疗机器人的技术体系中；高分辨的传感器将会在手术中提供更多的信息反馈；先进的执行机构将提供超越人工手术，实现更高精确度。这些新技术的融合，将使手术机器人实现从多孔到单孔、从微创到无创、从刚性到柔性、从无感到有感、从无智能到更高智能的提升。**机器人全面融入医疗业务场景。**随着机器人技术水平和稳定性的提升，针对医疗应用的场景不同，其能更全面地融入医疗生态。智能导诊机器人、智能预诊机器人、全流程服务机器人、配送机器人、辅助诊断机器人等多种机器人在诊疗各环节中实现应用。随着医疗机器人愈发深度地参与到医疗的全部流程，医疗机器人将成为海量医学数据的入口，形成庞大的医学数据库。而在人工智能和机器学习的加持下，这些医学数据将会产生巨大的价值。

未来，我国医疗机器人的发展需要把握技术变革趋势，推动医疗创新产品审批和临床应用，纳入医保支付体系。

一是补齐产业发展短板，提高产品供给能力。聚焦医疗机器人产业发展需求，鼓励医疗机器人与材料、数字、计算机等学科开展基础跨学科融合创新。聚焦医用AI芯片、高精度传感器等核心元器件，医疗机器人用减速器、精密电机、光学镜头、智能模块等关键部件进行攻关。重点突破手术机器人配准技术、图像分割技术、智能诊断技术、力控技术等核心技术，加大定位技术和人机交互技术的研发力度，开发精细力反馈系统，加强手术机器人的安全性、准确性和稳定性。聚焦医疗辅助机器人机器学习、深度学习、自然语言处理、计算机视觉等人工智能技术，实现医学影像诊断、病例数据挖掘、手术辅助、个性化治疗等应用。突破医疗康复机器人材料、结构、算法等核心技术，使得康复机器人更轻便、更智能、更精准，可在无康复师辅助的情况下自行穿戴并自行开展主动康复训练。突破医疗服务机器人定位感知、路径规划、图像识别、自然语言处理等技术，提升医疗服务机器人的环境感知、运动控制和人机交互能力。

二是积极开展"医工产教"融合，推动医疗机器人场景应用。鼓励机器人企业与医院、高校、科研院所紧密合作，促进医疗机器人创新成果转化，将优秀医生的经验转化为机器人产品功能。通过搭建合作交流平台、遴选优秀案例等方式，支持企业梳理终端用户需求，开展融合创新，积极探索医疗机器人服务模式。把握医疗机器人规模化发展机遇，推进应用场景多元化发展，拓展医疗机器人应用场景。开展供需对接活动，鼓励医疗机器人企业与医院、康复中心等用户单位开展医疗机器人产品供需对接活动。支持医疗机器人企业开发具备适用性、易用性的医疗机器人产品，降低医疗机器人的使用成本。

三是加快手术机器人等医疗机器人创新产品的注册审批，促进医疗机器人产业创新发展。我国医疗机器人产品创新发展的势头迅猛，在中高端医疗器械领域涌现出一批自主品牌医疗机器人产品。未来，应在确保医疗机器人产品安全性和有效性基础上加快审批流程，推动国家药品监督管理局医疗器械技术审评中心在医疗机器人发展集聚区落户分中心，助力我国医疗机器人产业发展及创新迭代。

四是将医疗机器人项目纳入医保支付，推动医疗机器人行业发展。 2021年4月，上海市医疗保障局将"人工智能辅助治疗技术"纳入了医保支付范围，随后北京、江西等省市也陆续将手术机器人或相关耗材项目纳入医保支付范围。未来，手术机器人将会迎来从整体手术项目到耗材的更多医保支付支持。把医疗机器人服务项目纳入医保支付范围不仅将降低医疗机器人使用成本，使更多医疗机构和患者受益，还将进一步提高、扩大医疗机器人技术的推广率和应用范围。也将推动医疗机器人技术的研究和创新，加速医疗机器人的升级换代，满足医疗市场的需求。

3. 养老助残机器人

养老助残机器人服务于老年群体和残疾群体，主要分为康复训练机器人、护理机器人和陪伴机器人等。其中，康复机器人完成训练、辅助任务。护理机器人主要功能包括辅助完成日常起居，如饮食、排泄、翻身、移动、健康监测等。陪伴机器人主要完成包括视频通话、音乐视频、健康管理等，担任健康助理、生活助理等职责。随着老龄化程度加深、老年人寿命延长，老年群体的经济需求更加突出，"银发经济"成为社会各界关注的热点。

养老助残机器人的研究可以追溯到20世纪中叶。**在护理机器人方面**，20世纪70年代中期，法国原子能委员会开发了斯巴达克斯（Spartacus）遥感机器人，该机器人旨在帮助高层脊髓损伤的病人控制机械臂。1982年，荷兰研制了可以喂饭、翻书的实验用机械手RSI。英国Mike Topping公司在1987年开始开发Handy1服务机器人，用以完成身体部分功能障碍患者的日常护理，如进餐、饮水、刮胡须、刷牙等。目前，代表性产品以欧美公司产品为主，如德国弗劳恩霍夫制造技术和自动化研究所（Fraunhofer IPA）研制的Care-O-bot机器人、美国Diligent Robotics公司的医护协作Moxi机器人等。**在康复训练机器人方面**,2000 年,瑞士 HOCOMA 公司研发了 Lokomat 机器人,自此,康复训练机器人进入全面发展时期,可穿戴康复+辅助行走的外骨骼机器人逐步受到社会关注。2012 年,以色列外骨骼机器人公司 Rewalk 推出了外骨骼机器人。目前,我国该类型企业主要包括大艾机器人、傅利叶智能、迈步机器人等。**在陪伴机器人方面**,陪伴机器人主要以人工智能、语音语义理解交互为技术基础,典型的陪伴机器人产品包括日本软银的 Pepper 机器人,日本产业技术综合研究所的 Paro 机器人等。养老助残机器人主要创新进展如表 5-21 所示。

表 5-21　养老助残机器人主要创新进展

发布时间	发布机构	产品或项目名称	创新进展
2003 年	日本产业技术综合研究所	PARO	PARO 的外形是一只海豹幼崽,大小和人类婴儿类似,用于老年痴呆症患者的护理。PARO 的身上布满了传感器,赋予了它视觉、听觉和触觉,能够对外部刺激作出反应,通过学习做出动作。它可以做出和真正的小海豹一样的行为。PARO 已经作为医疗器械,通过了 FDA 的认证。在引进了 PARO 的设施后,病人喊叫、狂躁、徘徊等问题行为大幅减少。迄今为止,Paro 已完成 8 次迭代
2008 年 4 月	深圳市呵康科技	卧床全自动大小便处理系统	Evercare 全自动大小便处理系统,分为主机、集便器、床垫 3 个部分,集成数十个高精度感应器并运用多种高端技术,在患者排出大小便后,感应器能在 2s 内自动感知大小便,立即抽取大小便并粉碎存储在污物桶内,然后通过各处喷嘴自动喷出适宜温度净水,冲洗患者的隐私部位及集便器内部,系统还具备干燥臀部和隐私部位的功能,及时进行暖风烘干。目前,该产品已完成 16 次迭代
2015年10月	以色列 ReWalk Robotics 公司	ReWalk Personal 6.0	ReWalk Personal 6.0 是一款可穿戴外骨骼机器人,可提供动力髋部和膝部运动,使脊髓损伤(SCI)患者能够直立、行走、转身、爬楼梯和下楼梯。其是第一个获得 FDA 批准在美国用于个人和康复用途的外骨骼机器人

续表

发布时间	发布机构	产品或项目名称	创新进展
2015年	北京大艾机器人科技有限公司	AiWalker（健步型）	AiWalker针对运动能力不足用户，实时判断运动意图；根据地面特征和周围地形环境变化，匹配并提供运动助力；帮助用户规划和掌握步态姿势，实现优雅、自然、快速的行走运动
2016年7月	美国Desin公司	Obi	Obi适用于上肢力量和行动受限的人，能帮助残障人士正常进食。Obi的机械臂可以从4个隔间中选择几乎任何大小、合适的食物，帮助用餐者用勺子吃饭
2020年6月	沈阳新松机器人自动化股份有限公司	智能助行器	智能助行器通过新松自研核心算法，使用过程中自动检测行走坡度，根据运动情况实时调节助力阻力模式；帮助使用者实现自主行走、增加运动机会，让他们走得更远、更安全，改善其身心健康状况，提高生活质量，重获行走自由。产品适用于身体虚弱或患有行走功能障碍的人群，车体设有高度调节，可满足不同身高人群的使用
2020年10月	深圳市迈步机器人科技有限公司	助行机器人MAX系列	助行机器人MAX系列适用于脑卒中用户进行日常康复训练，可有效改善患侧步态、提升康复训练效果；适用于可以独自站立并想增强步行能力、提高行走速度的人群在日常生活场景下出行使用；用于辅助髋关节力量不足的人群行走，改善他们的健康状况、提高生活质量
2021年	沈阳新松机器人自动化股份有限公司	电动站立助行器	电动站立助行器集电动站立架、台式助行器、移位机为一体。满足使用者站立稳定性训练、行走训练、体位转移的需求。支撑台的角度及减重吊带随着患者姿态灵活调整。该产品提供行走助力和速度控制功能，引导患者主动参与的同时，提供有效支撑和安全保障。适用于下肢运动障碍患者站立训练与辅助、行走训练与辅助、转运训练与辅助

数据来源：赛迪智库根据公开资料整理，2024年1月

专栏5-15 养老助残机器人典型企业案例

日本产业技术综合研究所（AIST）是日本在产业技术研发领域的领军机构。在机器人领域也是日本最有影响力的技术头部企业之一。AIST

开发的治愈型机器人 Paro 是一款海豹外形的机器人，通过身上的 5 种传感器对声音、光、触觉、姿势、温度进行感应，对人的触摸做出互动。AIST 还开发了生活支援机器臂 RAPUDA，可以固定在桌子或者床上，为残疾人提供 500g 左右的小物品。例如，它可以为残疾人递杯子、药品等小件物品。

ReWalk Robotics 成立于 2001 年，是以色列的外骨骼公司，是旨在使原来必须依靠轮椅或在其他情况下才能活动的患者重新具有站立，以及独立行走能力的医疗器械。ReWalk Robotics 技术起源于 90 年代末的以色列 Argo 公司实验室，于 2012 年推出了第一款产品，并于 2014 年上市。2012 年，一位下身瘫痪患者穿上 ReWalk Robotics 的外骨骼产品完成了伦敦马拉松比赛。

北京大艾机器人科技有限公司成立于 2016 年，产品覆盖针对性康复早期被动训练、双机组合康复中期主动训练、居家康复训练及 Ai 智能助力健行等智慧康复解决方案，配合一站式持续服务，满足医院、医疗机构、养老社区等庞大康复需求。2015 年，公司成功研发适用于下肢功能障碍患者早中期康复训练的机器人 AiWalker。随后，公司陆续推出了适用于康复中期的机器人 AiWalker-III，康复后期的机器人 AiLegs 等产品。

目前，养老助残机器人的研究正处于快速发展的阶段。未来，高强度、轻质量的新型材料有望在养老助残机器人上得到应用，机器人的设计将更为简单、结构会更加轻便。随着 AI 技术发展，养老助残机器人智能化程度将提高，人机交互更加自然，应用场景将得到持续拓展。养老助残机器人将能够敏捷处理人类在不同场景下的差异化需求，垂直细分领域的作业功能将更加专业化、特色化，自主决策能力逐步增强。未来十年，在政策支持、技术进步和资本青睐等多种利好因素作用下，养老助残机器人将迎来快速发展阶段：应用领域更加广泛，市场规模持续扩大，养老助残机器人产品愈发多元化；逐步向人性化、专业化、智能化等方向发展；可聚焦康复训练、护理、陪伴等细分领域研制适用性产品和解决方案。

随着人工智能和智能传感技术的发展，未来，康复机器人使用将更自然、更安全。**一是**开发新材料、柔性驱动等技术，提升机器人的稳定性和精度。**二是**基于多传感器的信息，进一步提出更贴近真实运动期望的意图估计算法，提升机器人的易用性和自主操作程度。**三是**充分考虑使用者跌倒防护功能中的全向性、柔顺性和有效性，研究针对跌倒动作的柔顺、有效防护方法，避免给使用者带来危险，提升场景多样化及使用的轻便性。

护理机器人的研发涉及机器人技术、人工智能技术、医学护理等多个领域。**一方面**，聚焦数据采集分析、路径规划、语音识别等领域，开发生理参数无感检测、医疗大数据、自动导航、口音与方言语音识别等技术，提升护理机器人的性能。**另一方面**，开展人工智能、远程监控、模块化设计、人性化设计等领域前沿技术研究，提供更加高效、舒适、安全的护理支持。

随着语音、图像识别技术及语言大模型等技术的发展，陪伴机器人在对话和服务的人性化程度上将得到大幅提升，有望进一步满足使用者的情感需求。**一方面**，面对陪伴机器人的专业化发展趋势，加强机器人环境感知、人机交互等方面的创新。突破大语言模型、自动避障、高精度传感器等技术，加强和元宇宙等技术的融合，进一步丰富人机交互模式。通过实现机器人"能听会说"的能力为机器人的情绪价值提供支点。**另一方面**，面对陪伴机器人的特色化发展趋势，针对陪伴机器人细分领域做大做强，如开发能够监测老年人的健康状况，实现日常用药提醒、跌倒等异常突发状况状态监测等健康护理功能；通过语音识别、人脸识别等技术，进一步开发机器与人类进行对话的社交功能，帮助人类缓解孤独感；开发放音乐、看电影、玩游戏等的娱乐功能，为人类提供更加愉快的生活体验。

4．安全应急和极限环境作业机器人

安全应急和极限环境作业机器人是在安全生产和防灾减灾救灾过程中，

执行监测预警、搜索救援、通信指挥、后勤保障、生产作业等任务，能够实现半自主或全自主控制，部分替代或完全替代人类工作的智能机器系统的总称。在设计上具备对环境的适应性，可以在高温高压、潮湿、粉尘、辐射等恶劣环境中运行，通常可以在无人或有人操作下进行工作，从而降低人员伤亡，并提高工作效率。安全应急和极限环境作业机器人主要应用在消防、矿山、民爆、社会安全、应急救援、极限环境等场景，代替人在极端环境和危险复杂的环境作业。核心共性技术主要包括导航与定位、专用核心零部件、特殊用材料、力位控制、机器视觉、遥操作与精确控制技术等。随着技术的不断进步和需求的不断提升，安全应急和极限环境作业机器人结合人工智能、物联网、云计算等技术，将不断提升智能化、自主化水平，以满足更复杂、更多样的应急救援需求，应用范围将不断扩大。此外，随着安全应急和极限环境作业机器人的应用需求不断增长，相关的生产、使用等环节标准规范也将逐步完善。

2023年12月，应急管理部、工业和信息化部联合印发的《关于加快应急机器人发展的指导意见》提出，到2025年，研发一批先进应急机器人，大幅提升科学化、专业化、精细化和智能化水平；建设一批重点场景应急机器人实战测试和示范应用基地，逐步完善发展生态体系；应急机器人配备力度持续增强，装备体系基本构建，实战应用及支撑水平全面提升。随着政策的大力支持，安全应急和极限环境作业机器人将迎来快速发展。

安全应急和极限环境作业机器人在应对巡检、地震、洪涝灾害和极端天气，以及矿难、火灾、安防等公共安全事件中有着突出的性能表现，是当今国际自动化技术发展的重要方向。随着我国企业对安全生产意识的进一步提升，将有越来越多的机器人替代人在危险场所和危害环境中进行劳动。安全应急和极限环境作业机器人一般可以分为巡检机器人、消防机器人、矿山机器人、核工业机器人、水下机器人、空间机器人等多种类型。

1）巡检机器人

巡检机器人代替传统人工巡检的机器人，拥有可靠的自主路径规划功能，具备复杂环境下高精度、强灵活性的自动驾驶能力，集成了多种传感器，可以进行红外测温、表计识别、振动测量、声音识别等功能监测，并将识别结果上传到数据中心，保证了数据的准确性和及时性。**根据智能巡检机器人的工作地点，通常可以将其分为陆地巡检机器人、空中巡检机器人及水下智能巡检机器人**。陆地巡检机器人又可以分为无轨智能巡检机器人和有轨智能巡检机器人，其主要应用于电力、石化、轨道交通等领域；空中巡检机器人主要指巡检无人机，主要应用于电力输电线路巡检、森林防控巡检、交通应急巡检等；水下智能巡检机器人旨在克服人类在水下作业时的时间限制和安全风险，减少人员伤亡风险，提升检测工作的效率、监测范围、数据化及信息的实时性，降低检测成本[①]。

我国巡检机器人起步较晚，但发展较快。国外巡检机器人的发展起步于20世纪80年代，东京电力有限公司的泽田教授在1988年研发了一款"巡线"机器人。1989年，美国TRC公司开发了一套巡检机器人的原型机。2006年，加拿大水电研究院推出了LineScout机器人，是一种能在带电导线上进行巡检的新型设备，即便是在高达315kV的电压下该设备也能保持正常运行。2008年，日本HiBot公司与东京工业大学协作研发了Expliner遥控机器人，该机器人专为500kV及以上电压等级的输电线路设计，能够通过双线结构进行检查和障碍物穿越，其机械结构包含两个电机、一个操作臂和两个旋转接头。2012年，新西兰电网公司与梅西大学携手，开发了一种全地形变电站巡检机器人，该机器人具备摄像机，用于拍摄巡检。中国在20世纪90年代开始了巡检机器人的研究，中国科学院沈阳自动化研究所（沈自所）参与了相关项目，取得了显著成果。沈自所推出的"AApe"系列电力线路巡检作业机器人，能够在超高压环境中执行自主巡检任务，解决了电磁

---

① 严正罡，甄军平. 巡检机器人应用综述及在机场应用前景展望[J]. 现代计算机，2022, 28(2): 50-55.

兼容和机械结构承重等难题,并实现了数据和图像的稳定传输。该系列机器人在东北电力产品质量监测站进行了 50 多次现场测试,成功通过了多项功能检测,并在全国各电力公司得到了广泛应用。此外,沈自所还研制出了一种用于 500kV 超高压输电线路巡检机器人控制系统,该系统由巡检机器人主体和地面基站组成,结合远程控制和局部管理的方式,能够独立沿着输电线路移动,并能跨越防震锤、悬挂工具、高压连接管等障碍物[1]。

随着我国电网设备的规模不断扩大,对无人化、智能化、远程化运维管控需要尤为突出。电力巡检机器人主要替代人工开展表计识读、温度测量、缺陷跟踪等智能化巡检工作,应用于变电站、换流站、配电房、电力隧道等电力场景中,具有高巡检效率、低成本消耗等多项优势。目前,行业内涌现了一批具有影响力的电力巡检机器人企业,一类是大型电力国有企业下设的机器人企业,如国网智能科技股份有限公司等;另一类是智能电网设备制造企业基于对无人化、智能化、远程化电力系统运维管控需求而开展的机器人研发布局,如科大智能科技股份有限公司,还包括机器人研发生产企业,如天津新松机器人自动化有限公司、亿嘉和科技股份有限公司等。

2)消防机器人

消防机器人是可代替消防员从事特定消防作业的机器人,如代替消防员进入浓烟、高温、缺氧、有毒等高危险性灭火救援现场完成侦查、排烟、救援、灭火等任务,在保障消防员安全的同时可提高消防部队抢险救灾能力[2]。消防机器人根据功能可划分为消防灭火机器人、消防排烟机器人、消防防爆机器人、消防救援机器人、消防无人机等。当前消防机器人逐渐从程序控制型、功能型向智能型机器人迈进。

国外开展消防机器人的研究比国内要早,其中比较突出的国家有美国、日本、德国等。美国消防机器人以救援、灭火等智能多功能人形消防机器人

---

[1] 刘庆宇. 室内电力巡检机器人系统设计与实现[D]. 成都:电子科技大学,2018.
[2] 党海昌. 消防机器人在我国灭火救援中的应用现状和前景分析[J]. 消防技术与产品信息,2016(3): 69-71.

为主，多应用于军事领域。日本从上世纪 80 年代开始研制消防机器人，如 1986 年的"彩虹 5 号"消防机器人，2005 年的仿人型消防机器人等。此外，日本还组建了机器人消防部队，包括空中监视部门、地面勘察部门、延伸软管部门和水炮部门。其主要是为了代替消防员工作，节省人力、物力，在各种危险场景作业，特别是在高温等危险场景。欧洲消防机器人的发展呈现多样化的趋势，如挪威的蟒蛇消防机器人、德国路虎 60 雪炮机器人等。我国消防机器人行业起步晚，相关技术研究仍以程序控制型消防机器人为主，智能化升级空间巨大，代表产品包括国泰科技、上海格拉曼、上海强师 MX-LT50 型等消防机器人。例如，国泰科技消防机器人由履带式运载车、消防炮、远程控制终端等部件组成，可根据事故现场的实际需求调节消防炮水流的喷射方式及角度，适用于石油化工、大型仓库、森林火灾等场所，该机器人已通过国家消防装备质量监督检验中心的技术鉴定；上海格拉曼消防机器人采用液压履带式行走底盘及无线遥控终端，保密性及抗干扰性强，可实现数据实时反馈，为后方控制人员制订救援决策提供参考；上海强师 MX-LT50 型消防机器人由轮式运载车、消防炮、摄像头、无线遥控终端等部件组成，可通过无线遥控器灵活控制消防炮喷射方向及角度，并使用消防炮上方摄像头对事故现场进行拍摄并实时传送至救灾指挥中心。目前，我国多地消防部队陆续开始装配消防机器人，也吸引了国内众多企业纷纷加入该领域研发队伍，代表性企业包括中信重工开诚智能、北京凌天、国兴智能、大华股份、力升高科等。我国消防机器人整体研发速度不断加快，推出的相关产品越来越便捷智能，产品能够根据火灾现场情况做出随机应变的反应。未来，我国消防机器人不断突破极端消防环境限制，朝着智能化、多样化、实用化方向发展，市场应用潜力巨大。

3）矿山机器人

煤炭在我国一次能源消费结构中占比较高，但开采环境复杂，生产流程较危险。为保障煤炭能源的长效供给，提升开采效率，我国政府及企业大力推行煤矿产业升级，鼓励"机械化替人、自动化减人"，在危险岗位实现机器人替代人工，以保证安全生产，提升煤矿行业智能化水平。伴随机器人、人工智能等技术的发展，矿山机器人因具备无人化开采、效率高等优势，成为国内煤矿行业重点技术发展方向。矿山机器人是能够依靠自主控制能力及随身动力来实现某种特定采矿功能的机器，可以通过预先编程、人工智能规划、受人指挥的方式，协助或替代人进行采矿作业或危险操作。

我国矿山机器人研究工作起步于 20 世纪 80 年代，经历了从概念设计、基础技术攻关、样机研发到推广应用的过程[①]，目前已初步形成矿山机器人技术体系。但我国矿山机器人制备技术处在较初级阶段，部分产品尚无法满足井下复杂环境作业的需求。自国家矿山安全监察局大力推动煤矿机器人研发应用工作以来，煤矿企业、机器人企业和相关科研机构基本形成了加快发展煤矿机器人的共识，研发关键技术的积极性进一步增强。煤矿机器人技术门槛较高，市场参与企业数量较其他领域机器人少，主要包括中国煤炭科工集团有限公司、郑州煤矿机械集团股份有限公司、中信重工开诚智能装备有限公司、中国中铁建工集团股份有限公司、山西戴德测控技术有限公司、山西科达自控股份有限公司、北京菲力克技术有限公司、湖南创远高新机械有限责任公司、山东工大中能科技有限公司等。近年来，我国煤炭生产结构持续升级，煤炭开采量有所降低，但煤矿智能化程度在逐渐提升。目前，全国已有 370 余处矿井应用了巡检、喷浆、钻锚、灭火、救援等共计 31 种煤矿机器人。

4）核工业机器人

核安全是核工业发展的生命线，是国家安全体系的重要组成部分。核工业机器人代替人工开展设备检修、放射性废物处置、应急响应等工作，作为提高工作效率，降低检修成本，保障人员生命安全的重要手段，在核安全体系中扮演着日益重要的角色[②]。

---

① 胡而已，葛世荣. 煤矿机器人研发进展与趋势分析[J]. 智能矿山，2021, 2(1): 59-74.
② 刘呈则，严智，邓景珊，等. 核电站应急机器人研究现状与关键技术分析[J]. 核科学与工程，2013, 33(1): 97-105.

欧美发达国家在核工业机器人领域处于绝对领先与垄断地位。欧美日等核电强国在 20 世纪 40 年代已开展核环境下的检修机器人研究,从国家层面投入巨资布局了核相关机器人的研发计划及政策。美国部署了先进反应堆用机器人发展计划等,掌握了核工业机器人核心技术。以美国西屋、捷特,法国法马通等公司为代表的欧美企业已在关键核设施运行维护领域,形成了国际垄断,其核工业机器人产品占据全球 90%以上市场。法国阿海珐、西班牙埃努萨等公司研制的核燃料处置机器人已具备核设施退役、去污处理、反应堆压力容器退役、放射性废物拆解、核废料处理、放射性废物处理等能力。美国和欧盟历经多年发展,在核电技术方面处于全球领先地位,核电作为高端技术装备集聚产业,是发达国家战略压制的重点领域之一。美国 744 清单针对中国核工业发布禁令,明确不予批准核电相关技术、设备和材料的出口,对核电应急救援机器人更是禁止整机出口。

我国核工业机器人不断取得进步,但在整机性能、关键零部件等技术方面与国外领先水平还存在差距。多年来,我国通过"863"计划、"973"计划、重点研发计划等科技计划形式,重点围绕核电运维检修、应急处置等需求,采取"由外围到核心、由低辐照到高辐照"的布局策略,部署了多个核工业机器人研发项目。研发人员通过对国外核电机组检修装备的"引、消、吸",掌握了部分关键技术,研制了多款中低辐照环境检修作业机器人,技术水平基本能达到国际同类水平。我国核工业机器人应用范围涵盖从日常作业到安全防护、应急救援等多个领域,在环境适应性、灵活性、工作效率等方面取得了长足的进步,并培育了多家具备较强技术积累和资金实力的大型企业,产业规模多年来迅速发展。但是与欧美发达国家相比,我国核工业机器人技术水平与产业化程度仍有很大差距。在整机设计方面,国产核工业机器人的可靠性、耐用性、通用性和可维护性较差;在核心零部件方面,核工业机器人专用高性能核心零部件仍存在空心化问题,这大大限制了整机性能的提升;在耐辐照材料方面,国产辐射屏蔽材料的种类、性能指标与应用领域相比欧美发达国家都存在明显差距。

5）水下机器人

水下机器人主要分为自主水下机器人（AUV）和遥控水下机器人（ROV）。AUV具备独立的能源系统，能够自行导航并在广阔区域执行探测任务，但其作业时间、数据实时性和作业效率存在一定的局限性。相比之下，ROV通过连接母船的脐带电缆供电，拥有更长的水下作业时间，并能实时传输数据，具备更强的作业能力，但作业范围相对较小。混合型水下机器人——自主遥控水下机器人（ARV）应运而生，它融合了AUV和ROV的优势，具备自给自足的能源和通过光纤微缆实现的数据实时传输能力，能够同时进行大范围探测和水下精细观测及轻型作业[①]。此外，水下滑翔机作为一种新型技术平台，其依赖浮力进行驱动，特别适合于进行长时间和大范围的海洋环境监测，其技术正逐渐走向成熟。水下机器人在海洋科学探索、深海资源调查、海洋工程建设和战略高科技领域等多个方面已被广泛应用。

近年来我国水下机器人技术与深海装备实现了跨越式发展。我国水下机器人研究工作始于20世纪70年代末期，历经40多年，其中最具影响力和代表性的是2012年研制的"蛟龙"号、2017年的"深海勇士"号和2020年的"奋斗者"号载人潜水器，引领了中国深海装备的系列化发展。在载人潜水器发展的同时，无人潜水器（水下机器人）也在同步发展，形成了有人和无人装备协同发展的态势。2010年以后，我国"潜龙""悟空""海龙""海翼"等多系列水下机器人得以成功研制与应用，培养了一批水下机器人研发团队，极大地推动了中国深海科学研究与深海资源勘查水平。例如，2016年3月，"潜龙二号"圆满完成中国大洋40航次应用任务，取得了多项历史性的突破；2018年，"潜龙三号"自主水下机器人进一步提升了自主水下机器人的可靠性、实用性、安全性和国产化率；2016—2018年，"海斗"号连续3年参加马里亚纳海沟深渊科考，11次到达万米以下深度，最大下潜深度达10905米；2020年，中国科学院沈阳自动化研究所研制的"海斗一号"

---

① 李硕,吴国涛,李琛,等. 水下机器人应用及展望[J]. 中国科学院院刊, 2022, 37(7): 910-920.

在马里亚纳海沟实现4次万米下潜，最大下潜深度达10907米，刷新了当时中国潜水器最大下潜深度纪录；哈尔滨工程大学成功研制"悟空"号全海深自主水下机器人，2021年10月在马里亚纳海沟完成4次超万米深度下潜。我国水下机器人已经具备了正向的设计、研制、试验能力，随着产品不断应用迭代，水下机器人的研制、应用与科学问题、实际需求的结合更加紧密，在超大潜深密封、自主航行控制、高精度导航定位、高密度能源应用和高效推进等关键技术上不断取得突破，不断刷新深海装备研制和应用的纪录。国际上，水下机器人的研究已经进行了大约70年，以美国为首的西方先进国家，已经研发出包括ROV、AUV、ARV和水下滑翔机在内的多种水下机器人，并在深海资源勘探、海洋科学研究、水下搜救等领域取得了显著的应用成果。

6）空间机器人

空间机器人作为智能操作系统的典型代表，正在逐步转变航天运输、轨道建设、轨道维护和行星探测的传统方式，成为无人和载人航天任务中不可或缺的关键技术之一。在载人航天任务中，空间机器人扮演了先行者、助手和维护者的多重角色，协助人类进行空间探索；而在无人航天科学探索中，它们显著扩大了人类操作和活动的界限[1]。空间机器人按用途可以分为两类：一类是用于行星探测的机器人，用于收集外星体的气候、地质和生物信息，通常由轨道飞行器和着陆装置组成；另一类是服务于空间站的机器人，在空间站的内部或外部与宇航员协作，执行危险且重复性的工作，以减轻宇航员的负担。空间机器人按功能主要分为空间机械臂机器人和类人机器人。空间机械臂机器人因其多功能与灵活性而成为空间站的建设和运营中不可或缺的设备，能够执行如对接和搬运等任务。而类人机器人则具备更高的灵活性和适应性，能够与宇航员协同工作或独立完成一些复杂且多变的任务[2]。

20世纪80年代起，德国启动了轻型机械臂的研发工作，并成功研发了

---

[1] 孟光, 韩亮亮, 张崇峰. 空间机器人研究进展及技术挑战[J]. 航空学报, 2021, 42(1): 8-32.
[2] 刘子宁. 空间机器人发展现状与技术展望[J]. 中国新通信, 2019, 21(24): 53.

三代产品。进入 20 世纪 90 年代初期，日本针对国际空间站中的日本实验舱研制了 JEMRMS 机械臂，该机械臂由主臂和名为"小巧手"的附加装置组成，两者均提供六个自由度以实现多方向操作。JEMRMS 具备视觉和抓取两大功能模块，分别用于观察和操作。随着对月球和火星探测的不断深入，21 世纪初，美国 NASA 推出了好奇号火星探测器，这是首辆使用核能源的火星车，主要用于对火星表面进行科学探索。

中国对空间机器人技术的发展给予了高度重视，并在载人航天计划中纳入了两套不同规模的空间机械臂系统，通过载人航天器进行了空间机器人技术的相关在轨验证。2016 年，中国独立研发的太空碎片清理机器人开始发挥作用，专注于探测和移除太空碎片。同年，伴随"天宫二号"空间实验室发射的是其机械臂系统，该系统由一个六自由度的轻型机械臂和一套五指的人造灵巧手构成，还包括仿人型机械臂本体、在轨遥操作界面和全局立体视觉模块。在轨测试期间，航天员与机械臂系统协作完成了多项试验，包括动力学参数识别、抓取漂浮物体、与航天员握手以及在轨维修等。在轨维修验证试验包括拆卸电连接器、撕开多层防护、旋拧电连接器、使用电动工具拧松螺钉及在轨遥操作等。中国载人航天空间站在建造阶段将配备核心舱、实验舱机械臂两套机器人系统。核心舱机械臂主要用来完成空间站舱段转位与辅助对接、悬停飞行器捕获与辅助对接，以及支持航天员舱外活动等；实验舱机械臂主要用于载荷搬运、支持航天员舱外活动等。

专栏 5-16　安全应急和极限环境作业机器人典型企业案例

亿嘉和科技股份有限公司作为机器人智能应用服务商，主要从事特种机器人产品的研发、生产、销售及智能化服务，充分融合移动、感知、操作、人工智能、数据分析等机器人相关技术，面向电力、商业清洁、新能源充电、轨道交通等行业领域，提供多样化的智能产品、智能服务和系统解决方案。亿嘉和产品主要分为操作类机器人、巡检类机器人、商用清洁机器人、消防类机器人等。

中信重工开诚智能装备有限公司是具有全球竞争力的矿业装备、水泥装备制造商与服务商,是我国最大的重型装备制造企业之一、国内特种机器人行业第一梯队企业。公司以"核心制造+综合服务"的商业模式,坚守先进装备制造业的发展定位,致力于发展重大装备、机器人及智能装备、高技术三大领域业务,致力于打造具有全球竞争力的一流先进装备制造企业。

北京凌天智能装备集团股份有限公司总部位于中关村高科技园区金桥产业基地,其特种机器人产品服务于消防、应急、公安、防务、矿山、石化、电力等多个领域,涉及无人机、机器人、无人船、特种装备、应急救援装备、煤矿装备等高端装备的研发。公司是工业和信息化部专精特新"小巨人"企业、中国灾害防御协会应急科技装备专委会挂靠单位及国家高新技术企业。

杭州景业智能科技股份有限公司专注并致力于智能制造技术在核工业中的应用,主要从事特种机器人及智能装备的研发、生产及销售,主要产品包括核工业系列机器人、核工业智能装备、非核专用智能装备等。景业智能还为新能源电池、医药大健康等行业客户提供智能制造解决方案及特种装备。

沈阳新松机器人自动化股份有限公司成立于2000年,是一家以机器人技术和智能制造解决方案为核心的高科技上市公司。新松拥有自主知识产权的工业机器人、移动机器人、特种机器人三大类核心产品,以及焊接自动化、装配自动化、物流自动化三大应用技术方向。同时,其围绕国家战略方向持续孵化新兴业务,形成半导体装备、协作机器人、智慧城市、智慧康养等多个战略行业产业,构建了健康、科学、可持续的产业体系。新松特种机器人系列产品包括:桁架机器人、核应急机器人、探龙系列蛇形臂机器人、重载垂直多关节机器人、智能布设/回收机器人等。

杭州申昊科技股份有限公司成立于2002年,是一家致力于设备检测及故障诊断的高新技术企业。通过充分利用传感器、机器人、人工智能及大数据分析技术，服务于工业大健康，为工业设备安全运行及智能化运维提供综合解决方案。目前，公司已开发了一系列具有自主知识产权的智能机器人及智能监测控制设备产品，可用于电力电网、轨道交通、油气化工等行业，解决客户的难点与痛点，为客户无人或少人值守及智能化管理提供有效的检测、监测手段。

随着社会发展和技术进步，许多领域都在追求更高的效率和更低的风险，机器人技术则是实现这一目标的重要手段之一。安全应急和极限环境作业机器人可以提高作业的安全性和效率，以及适应复杂、危险的环境，能够长时间进行高效率的工作，减少现场作业人员的数量，避免人员伤亡，对保障人民财产、生命安全和国防安全都具有重要意义。未来，这类机器人的研发需要加强技术攻关，发展适用性产品和完善检测、标准等产业发展环境。

一是加强急需技术攻关。重点突破机器人在极限环境下的防爆、防火、耐辐照等防护技术，加强攻关高强度金属、耐磨材料、耐腐蚀材料等特殊材料，提升机器人智能感知、自主决策、精细作业等智能化技术水平。加速极限环境下电机、减速器、传感器、驱动器、控制器等关键核心零部件研发，实现国产替代。加强高性能、轻量化通信载荷的研制，解决复杂环境中通信稳定性差、距离受限、抗干扰能力不佳等问题。研究通用化、系列化、组合化的机器人载荷，提升载荷机械接口、电气接口、通信协议等方面的兼容性，实现载荷快速拆装、替换、升级、扩展。突破无人机、机器人等装备集群协同作业关键技术，以及人机协同作业技术。加强云计算、人工智能、大数据等在安全应急和极限环境作业机器人中的创新应用，提升机器人智能化水平。

二是提升产品性能。针对抗洪抢险、森林草原火灾救援、地震和地质灾害救援、城市消防、应急指挥通信、安全生产等领域的应急能力提升需求，研制险情侦察类、生命搜索类、物资保障类、消防灭火类、高危场景作业类、复杂场景救援抢险类、生命通道构建类、通信保障类等机器人装备，实现高端装备自主可控，提升高危场景作业安全性，增强重特大灾害事故无人化、智能化抢险救援能力，推动人灾直接对抗向依靠机器人减人、换人模式转变。提升机器人在极限环境下作业的可靠性、效率、精细化、灵活性、自主性及异常情况处置等能力。支持建立安全应急和极限环境作业机器人面向特定领域应用场景的中试验证平台，不断提升整机产品的性能。

三是完善产业发展环境。 推进安全应急和极限环境作业机器人应用场景开发及产品示范推广，满足不同行业和领域的需求。建立健全安全应急和极限环境作业机器人关键技术标准、产品应用标准、安全要求和性能测试方法，完善安防、矿业等领域机器人标准。充分发挥科研院所、工程研究中心、企业技术中心、高新企业孵化器等平台作用，建设针对不同细分应急管理领域的机器人研发中心、技术创新中心、工程技术中心等创新基地，汇聚优质社会资源，强化对实战化装备研发的体系支撑。完善各类安全应急和极限环境作业机器人检验、检测及实用效能测试评价体系，推进机器人研发创新基地与检验、检测能力一体化建设。

三、战略对策3：提升产业规则国际话语权

机器人强国的重要体现之一为在国际竞争中拥有制定产业规则的话语权，包括标准制定、法律法规制定的国际输出影响力。纵观国外机器人产业发展经验，制定产业规则的影响力，主要是以标准为引领，促进科技成果转化为生产力；以标准升级为牵引，支撑产品升级、高质量发展。制定产业规则的话语权，还表现为制定法律监管和行业规范，以监管规则为重要手段，强化产业的发展方向。因此，具体举措上，全面提升标准制定和法律法规制定等产业规则的国际话语权，实施深化国际开放合作工程。

（一）增强国际标准制定能力

一般来说，机器人标准有国际标准、区域标准、国家标准。国际标准，指的是比如国际标准化组织（ISO）、国际电工委员会（IEC）、电气和电子工程师协会（IEEE）等国际组织制定的标准。ISO机器人标准其实主要是指ISO/TC299，偏向于对技术标准的研究，对机器人测试的要求相对弱一些。IEC旗下的国际合格评定组织（IECEE）制定的标准把机器人技术和检测认证评定做了融合，使得其制定的很多标准都转化成了世界贸易的标准。区域标准，比如欧盟标准，是由欧盟标准委员会（CEN）制定的标准。国家标准，是各个国家相关的标准化组织制定的标准。比如美国国家标准协会（ANSI）制定的机器人领域标准；日本工业标准调查会（JISC）制定的日本工业标准（JIS）；德国标准化学会（DIN）是德国最大的具有广泛代表性的公益性标准化民间机构，由其制定的机器人领域标准；韩国技术标准署（KATS）发布的KS标志认证，KS标志认证是指对能够持续、稳定生产韩国工业标准（Korean Industrial Standards，KS）水平以上产品的企业，进行严格的审核，使其能够加贴KS标志的国家认证制度；中国机器人国家标准，是由全国机器人标准化技术委员会（SAC/TC591）制修订的国家标准。

随着机器人技术主动融合人工智能、新型传感、生物仿生、新材料等多种技术，机器人的功能更加强大，形态愈加丰富，机器人的形态多样和广泛应用为人类带来生产生活便利与变革的同时，对机器人的标准、法律规范等提出了迫切需求。未来，我国需要加强机器人标准体系建设，依托全国机器人标准化技术委员会开展国内和国际标准制修订，增强我国参与和主导制定国际标准的能力。加快增设细分领域分委会，增强对新兴领域产品标准、应用标准制定能力。针对特定行业准入要求，加强机器人特殊安全要求和检测方法标准研究。建立跨行业机器人标准化工作合作机制，加强跨行业应用领域标准化工作的协调，推动跨行业标准互采。提升检测认证服务能力，持续支持国家机器人检测与评定中心能力建设，逐步提升和完善中国机器人检测认证能力，加快机器人检测认证标准体系研究，加强与国际检测认证机构的交流与合作。ISO/TC 299 归口的国际标准清单如表 5-22 所示。

表 5-22　ISO/TC 299 归口的国际标准清单

序号	国际标准编号	标准名称
1	ISO/TR 13309:1995	Manipulating industrial robots - Informative guide on test equipment and metrology methods of operation for robot performance evaluation in accordance with ISO 9283
2	ISO 9283:1998	Manipulating industrial robots - Performance criteria and related test methods
3	ISO 9946:1999	Manipulating industrial robots - Presentation of characteristics
4	ISO 14539:2000	Manipulating industrial robots - Object handling with grasp-type grippers - Vocabulary and presentation of characteristics
5	ISO 9409-2:2002	Manipulating industrial robots - Mechanical interfaces - Part 2: Shafts
6	ISO 9409-1:2004	Manipulating industrial robots - Mechanical interfaces - Part 1: Plates
7	ISO 10218-1:2011	Robots and robotic devices - Safety requirements for industrial robots - Part 1:Robots
8	ISO 10218-2:2011	Robots and robotic devices - Safety requirements for industrial robots - Part 2: Robot systems and integration
9	ISO 9787:2013	Robots and robotic devices - Coordinate systems and motion nomenclatures
10	ISO 13482:2014	Robots and robotic devices - Safety requirements for personal care robots
11	ISO 18646-1:2016	Robotics - Performance criteria and related test methods for service robots - Part 1:Locomotion for wheeled robots
12	ISO/TS 15066:2016	Robots and robotic devices - Collaborative robots
13	ISO 19649:2017	Mobile robots - Vocabulary
14	ISO/TR 20218-2:2017	Robotics - Safety design for industrial robot systems - Part 2: Manual load/unload stations
15	IEC/TR 60601-4-1:2017	Medical electrical equipment - Part 4-1: Guidance and interpretation - Medical electrical equipment and medical electrical systems employing a degree of autonomy
16	ISO/TR 20218-1:2018	Robotics - Safety design for industrial robot systems - Part 1: End-effectors

续表

序号	国际标准编号	标准名称
17	ISO 18646-2:2019	Robotics – Performance criteria and related test methods for service robots – Part 2: Navigation
18	ISO/TR 23482-2:2019	Robotics – Application of ISO 13482 – Part 2: Application guidelines
19	IEC 80601-2-77:2019	Medical electrical equipment –Part 2-77: Particular requirements for the basic safety and essential performance of robotically assisted surgical l equipment
20	IEC 80601-2-78:2019	Medical electrica l equipment –Part 2-78: Particular requirements for basic safety and essential performance of medical robots for rehabilitation, assessment, compensation or alleviation
21	ISO/TR 23482-1:2020	Robotics – Application of ISO 13482 – Part 1:Safety-related test methods
22	ISO 8373:2021	Robotics –Vocabulary
23	ISO 18646-3:2021	Robotics –Performance criteria and related test methods for service robots – Part 3: Manipulation
24	ISO 18646-4:2021	Robotics –Performance criteria and related test methods for service robots– Part 4: Lower-back support robots
25	ISO 22166-1:2021	Robotics – Modularity for service robots – Part 1: General requirements
26	ISO 11593:2022	Robots for industrial environments –Automatic end effector exchange systems– Vocabulary

注：表中序号 7、8、19、20、21、22、23、24、26 为中国参与的国际标准，25 为中国主导的国际标准。
数据来源：赛迪智库根据公开资料整理，2024 年 1 月

（二）加快制定机器人相关法律法规

美国、日本、欧盟、韩国等均已开展相关工作，其中日本对机器人领域的相关法规是比较全面的。可以看到，各个国家和地区以监管规则、安全标准和伦理规则为重要手段，尤其重视本国（地区）标准的国际输出，核心目的都是为了保障和引领新兴产业的高质量发展，同时，以求抢占机器人新技术新产品全球话语权和发展先机。由于机器人行业涉及的部门多、法律范围广，还包括数据保护、人工智能等跨行业跨领域的内容，我国现行法律对机

器人的电子人格、设计、生产、销售、使用、安全、伦理等内容，各方主体责任与义务无法适用，亟待开展机器人相关立法研究。

未来，我国需要尽快启动机器人立法相关工作。一般来说，若定位为法律，则需申报全国人大常委会立法工作计划，同时申报部门立法工作计划；若定位为行政法规，则需申报国务院立法工作计划，同时申报部门立法工作计划；若定位为部门规章，则需申报部门立法工作计划。需要依据我国国情及机器人产业发展的实际情况，推进机器人立法工作，促进我国机器人高质量发展的同时，有效控制和防范机器人在各行各业应用过程中的潜在风险。

专栏 5-17　深化国际开放合作工程

发展机器人产业是各国共同的重要选择，机器人产业具有显著的开放特征。美国是机器人技术先驱，始终重视先进技术的前瞻布局，以确保美国在机器人技术领域的持续领先地位，其在机器人技术领域拥有众多优秀企业和研究机构。日本机器人发展之初是从美国引进机器人技术的，20世纪80年代就被称为"机器人王国"，拥有发那科、安川电机等一批占据全球重要市场份额的企业，在机器人技术创新和应用方面均占据全球领先地位。德国也是由从美国引进机器人开始的，凭借着悠久的制造业历史和丰富的工程技术积累，工业机器人技术保持世界领先，"工业4.0"引领制造业数字化、智能化全面升级。我国机器人产业引进吸收和自主创新并行，虽然起步较晚，但是凭借着制造业规模大、完整的产业链配套体系，成为全球最大的机器人生产和消费国，在全球市场竞争格局中占据重要的地位。当前，企业间的国际合作不断深化，国际机器人企业加强布局中国本地化的研发和生产，更好地融入中国市场。中国企业加快在日本、美国、德国等设立研发中心。减速器、伺服电机等核心零部件成功进入国际领军企业供应链体系。工业机器人、物流机器人、医疗机器人加快出口。全球机器人产业链"你中有我，我中有你"的开放发展格局不断深化。

未来，机器人产业要更加坚定地保持开放式的发展环境。鼓励国际机器人企业在华投资合资，设立研发中心，与国内企业形成稳定的产业链供应链关系。加强人才的交流合作，利用好中国的工程师优势，共享中国市场。支持各国举办世界性的机器人行业大会，推动企业、国际组织、机构的交流合作。鼓励国内企业在国外设立研发中心、办事处，深化技术交流与合作，积极开拓国际市场，加快中国企业"走出去"步伐，推广中国企业成熟的行业应用解决方案。将机器人的应用推广与全球的粮食安全、能源安全、公共安全、卫生健康、气候变化等人类共同挑战联系起来，让其应用惠及更多国家和地区，持续增进全人类福祉。随着新技术与机器人的快速融合发展，在机器人伦理、数据安全、隐私保护、规则制定等方面也要加强国际合作，构建共商、共建、共享的全球治理体系。

CHAPTER 6 第六章
机器人强国战略支撑与保障

纵观美国、日本、德国、韩国等国家机器人产业的发展历程，产业政策发挥了举足轻重的作用。在战略计划上，各国均重视机器人技术的前瞻布局，纷纷抢占科技产业竞争的前沿和焦点，保持机器人产业的领先性。在创新支持上，美国从政府资助、税收优惠、创新激励机制、社会风险投资等方面鼓励企业创新。在应用推广上，日本成立机器人协会，通过开展机器人研究开发项目，设立基础技术开发税制、投融资租赁制度、机器人采购折扣和价格补贴、免费对中小企业培训等方式，将更多机器人研发企业与用户企业紧密绑定，大力推广应用机器人。近年来，我国高度重视机器人产业发展，国家层面制定机器人产业发展规划、"机器人+"应用行动实施方案，全社会形成发展机器人产业的浓厚氛围。国内机器人产业优势地区，纷纷发布机器人产业的规划和支持政策（见表6-1）。未来，面向2035的机器人强国战略支撑与保障，需要从国家层面做好规划引领，产业部门和应用部门统筹联动，形成政策合力，同时加大政府资金支持，引导产融对接合作，为机器人产业发展保驾护航。

表6-1 我国部分省市出台的机器人产业规划和支持政策

省市	发布时间	政策名称	主要内容
北京市	2021年8月	《北京市"十四五"时期高精尖产业发展规划》	构建医疗健康机器人、特种机器人、协作机器人、自主移动机器人四大整机加关键零部件的"4+1"发展格局，发展具有北京特色的机器人产业生态
北京市	2023年6月	《北京市机器人产业创新发展行动方案（2023—2025年）》	采用市、区协同制定机器人产业专项政策的方式，利用高精尖产业发展资金、首台（套）等政策，通过重点投资项目贷款贴息、新技术新产品应用奖励、政府购买服务等方式，统筹支持创新载体建设、创新产品研制、应用场景示范等。发挥政府引导基金作用，鼓励社会资本参与本市机器人创新成果孵化和产业化投资，支持金融机构为机器人企业提供个性化信贷和融资服务。利用高精尖产业人才政策，加大国际一流机器人高端人才和高层次团队的引进培养力度。紧密对接企业需求，加强在职人员技能培训，畅通企业人员职称申报渠道。多维度助推机器人企业快速发展

续表

省市	发布时间	政策名称	主要内容
上海市	2021年6月	《上海市战略性新兴产业和先导产业发展"十四五"规划》	研发基于自主决策视觉控制器的智能工业机器人；推动智能服务机器人的研发与产业化，突破模态情感计算和语义识别技术，研制服务机器人分布式操作系统，推动类人教育机器人实现产业化；布局研发微尺度手术机器人、单孔内窥镜手术机器人、康复干预与辅助机器人、纳米机器人等智能医疗机器人
上海市	2023年10月	《上海市促进智能机器人产业高质量创新发展行动方案（2023—2025年）》	采用分级分类培育优质企业、建立智能机器人分级分类评价体系等方式加强产业生态体系建设，统筹产业高质量发展、战略性新兴产业、科技专项等资金，依托市属国资平台，联合社会资本等加大对机器人产业链相关研制单位投资，支持机器人企业依法依规在境内外上市，对重点引进人才鼓励企业申报市重点产业领域产业精英、领军人才、人才专项奖励等，助推机器人行业高质量发展
广州市	2022年4月	《广州市战略性新兴产业发展"十四五"规划》	重点发展工业机器人、服务机器人、特种机器人、无人机、无人船等产业，推动机器人自动化生产线、数字化车间、智能工厂建设。面向智慧物流，发展从拣选、搬运、货箱到人的复合型机器人，以及无人机、无人车、无人仓储、无人叉车等智能仓储机器人
深圳市	2022年6月	《深圳市培育发展智能机器人产业集群行动计划（2022—2025年）》	到2025年深圳市智能机器人产业增加值达到160亿元，其中无人机计划达到百亿级规模。组织实施一批电子信息、汽车、教育、安防、物流等领域智能机器人应用示范项目。通过加强核心技术攻关、强化示范应用推广、推动企业做大做强、加快支撑能力建设等重点任务，实现智能机器人在重点行业的规模化应用
辽宁省	2022年1月	《辽宁省先进装备制造业"十四五"发展规划》	重点发展机器人及智能装备等主导型先进装备制造产业。在机器人及智能装备方面，重点发展工业机器人、移动机器人、洁净机器人、服务机器人、特种机器人等全系列产品及核心零部件，形成研发协同创新机制完善、企业梯度发展、产业链条完整的国内领先机器人产业基地。到2025年，机器人产业实现收入200亿元，本地配套率达45%

数据来源：赛迪智库根据公开资料整理，2024年1月

借鉴国外经验，结合我国实际，要从顶层设计、协调机制、资金支持等方面，为加快建设机器人强国提供全方位的支撑和保障。

一、规划引领，做好顶层设计

面向 2035 年，立足新发展阶段，完整、准确、全面贯彻新发展理念，构建新发展格局，我国要从规划引领、组织领导、产业政策支持等方面，为机器人产业发展提供支撑保障。应将机器人纳入国家战略领域，持续关注世界各国机器人产业发展的方向，开展机器人产业前瞻研究，制定中长期机器人产业发展规划。

二、统筹协调，做好央地联动

在国家制造强国建设领导小组机制下，建立机器人产业的统筹协调机制，推动部门协同、央地联动，形成政策支持合力。设立机器人产业专家委员会，对机器人产业开展战略性、前瞻性、储备性研究。

三、资金支持，推动产融合作

加大机器人产业财税金融政策支持。加大政府资金对创新的投入，通过支持重大项目，设置创新成果产业化指标，推动产用协同创新。鼓励产业基金和社会资本加大对龙头企业的支持，培育优质企业做大做强。有序推动产融合作，规范引导科创板、创业板、北交所加大对机器人企业上市融资、再融资的支持。鼓励各部门、各地方结合实际，出台推广应用机器人的举措，在试点示范、首台（套）应用、技术改造、融资租赁、税收优惠、采购补贴等方面出台更多激励举措，持续拓展机器人应用深度和广度。

后记

本书是中国电子信息产业发展研究院 2023 年度重大软科学研究课题成果之一，是课题组全体研究人员与出版工作人员的智慧结晶。本书包括前言和六个章节，由中国电子信息产业发展研究院副院长乔标担任项目负责人，指导课题研究工作；由黎文娟担任项目执行负责人，牵头课题书稿撰写工作；董凯处长、王昊所长对课题框架给予了指导。其中，前言由黎文娟撰写；第一章由马泽洋撰写；第二章由李陈撰写；第三章由李陈、马泽洋撰写；第四章由黎文娟撰写；第五章由李陈、马泽洋、黎文娟撰写；第六章由黎文娟撰写。

在本书的研究、撰写过程中得到了工业和信息化部装备工业一司、中国电子信息产业发展研究院软科学处等部门的大力支持，赵杰、郝玉成、陈殿生、高峻峣、段星光、王硕、江磊、陈丹等多位专家为本书提出了许多宝贵的意见和建议，在此表示衷心的感谢。

本书的出版离不开电子工业出版社的鼎力帮助，在此深表感谢。由于水平有限，书中的不足之处在所难免，敬请广大读者包涵和批评指正。